U0069137

第一次查馬可福音就上手

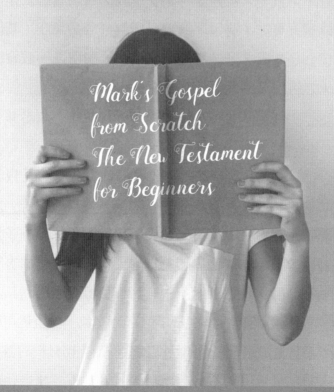

Mark's Gospel
from Scratch
The New Testament
for Beginners

主流出版社出版

推薦語（依姓氏筆劃排序）

　　學富五車，勤於牧會，為人謙和的胡宏志牧師，為傳揚福音，造就信徒，在擔任新竹中會議長的百忙當中，依然勤於筆耕，翻譯聖經學家葛利斯（Donald L. Griggs）與梅爾（Charleas D. Meyers Jr.）兩人所合著之巨著，委實令人敬佩！拜讀宏志牧師所翻譯之大作後，得以讓人更加了解，耶穌就是所應許的彌賽亞，其使命之核心是救贖。若讀者能咀嚼消化，對個人與教會將會帶來無可限量的助益。

——台南神學院院長　胡忠銘牧師

　　《第一次查馬可福音就上手》是由著名的基督教教育學者葛利斯及享富盛名的新約學者梅爾所合著，由胡宏志牧師翻譯，譯文清楚通暢。市面上雖然有許多聖經參考書，但這本書是專門為初學聖經者所寫。本書有學生本和老師本，在老師本中有課程目標、教導的基本原則，並教導帶領如何使用本書。所以《第一次查馬可福音就上手》是最適合教會信徒閱讀或作為查經材料的書籍。

——台灣神學院前院長　陳尚仁牧師

　　時值常年期即將結束，新的教會年（乙年／馬可年）將屆，胡宏志牧師翻譯的《第一次查馬可福音就上手》出版得正是時候，本書英文名雖為初學手冊，但卻非常細膩地引導讀者查考馬可福音，除了精闢地解釋經文外，也比對共觀福音平行的經文，研討經文引發的課題。對預備帶領查經的導師，在備課中將體驗到對經文的理解、省思與運用的過程，參與討論的學員，亦會經歷查考上帝的話與的收穫與喜樂。相信認真使用本書的人，除了會點燃讀經的興趣與胃口外，亦會被啟迪更將本書所指引查考馬可福音的進路與方法，進一步閱讀聖經的其他書卷。

——衛理公會會督　龐君華牧師

目錄 Index

老師本

學生本

梅爾

Mark's Gospel
from Scratch
The New Testament
for Beginners

驚嘆馬可福音！

2008 年夏天，葛利斯在維吉尼亞一場會議中和我接洽。葛利斯是著名的基督教教育學者以及暢銷的舊《舊約聖經初學手冊》（*The Bible from Scratch: The Old Testament for Beginners*）和《新約聖經初學手冊》（*The Bible from Scratch: The New Testament for Beginners*）作者。威斯敏斯特·約翰·諾克斯出版社（Westminster John Knox）編輯們看見這兩本書的成功，因此有興趣出版後續的系列叢書以聚焦於聖經中單獨的書卷。葛利斯邀請我和他一起撰寫，我立即答應。

　　身為聖經學者，我答應撰寫其中一卷書的註解，而身為基督教教育權威的他，將會撰寫問題及課程設計以協助該書卷的教學。經過一些討論之後，我們決定馬可福音是英文版「From Scratch」叢書系列的第一本書。

　　接下來的研究是在大學教導馬可福音超過二十年，而且在教會教授成人教育課程的基礎。我的對象通常是希望他們對「聖經瞭解」的增進有興趣，而馬可福音是研讀新約聖經最完美的入門書籍。

　　我們應該注意，這本書是為了那些對新約聖經背景只有一點了解，而想要更加學習聖經（尤其是馬可福音）的人所撰寫的。我的目標是提供用心的讀者能對馬可福音有全面深入的角度。為了達到這項目的，我已經嘗試避免用專業的詞彙和無止盡的註解，這種方法的缺點，是無法對於某個主題或是某段經文，進行詳細的檢討。也許本書將會激發你去參考有關馬可福音的其他書籍。

　　為了能從這本書得到最大的益處，我有幾項建議。

首先，我鼓勵你在閱讀註解之前，請先閱讀馬可福音的經文。假若你熟悉適當的聖經資料，這本書的章節將會對你產生更多的意義。

我也要鼓勵你，當你閱讀這些經文時，你要跟著聖經的章節——這種技巧將會讓你更明白這本手冊的內容。在內文當中，我已經在括號裡包含了馬可福音的經文和其他相關的經文。相互對照經文的目的，是想要跟其他的聖經經文有所關連。但是，即使你選擇不去看每一段互相參照的經文，應該也會看得懂內容。

最後一點：為了讓本書各篇章有相同的篇幅，我將學生本分為六堂課。譬如第一堂包含導論材料，第二堂包含馬可福音一～三章，第三堂包含馬可福音四～七章，第四堂包含馬可福音八～十章，第五堂包含馬可福音十一～十四章，最後第六堂包含馬可福音十五～十六章。但是這樣的分法有些獨斷，也不代表馬可福音主要的轉折點。因為這個理由，我已經在課末附上馬可福音綱要表，奠基於我認為該福音書的分段與組織，我鼓勵你常常參閱這份大綱。

馬可福音是我最喜愛的福音書，教導馬可福音這麼多年之後，我仍然驚嘆這本古老作品的深入和能力。我盼望這本 *Mark's Gospel From Scratch*（中文版書名：第一次查馬可福音就上手），對這本新約聖經當中常被忽略、缺乏欣賞的福音書，在你的內心當中創造一種欣賞。

——Charles D. Myers Jr.（梅爾）

於葛底斯堡學院（Gettysburg College）

2009 年復活節（Easter）主日

馬可傳道師的才華

＞馬可福音研究導論

馬太福音、路加福音與馬可福音的關係

經常，馬可福音並未受到應有的關注。若是和馬太福音、路加福音相互比較，馬可福音少了許多篇幅。對於那些熟悉新約聖經內容的人而言，馬可福音欠缺許多應有的內容，譬如耶穌誕生的敘事、家譜及復活的顯現。馬可福音並未包括主禱文（太六 9～13；路十一 2～4）或是耶穌其他為人熟知的教訓，譬如登山寶訓（太五 1～12；路六 20～26）、好撒瑪利亞人的比喻（路十 29～37）及綿羊與山羊的比喻（太廿五 31～

46）。再者，和馬太福音、路加福音高級的文學素養比較，馬可福音的文學風格較不精練。因為以上的理由，較完整而且精練的馬太福音和路加福音，經常使得馬可福音為之失色。本書對大眾這樣的一個認知則予以修正——如同接下來本書所顯示的：馬可的著作有極高的成就，馬可福音信息的力量，並不輸給其他任何福音書的記載。

馬可福音書的現代研究，奠基於學術上的結論：馬可福音是新約聖經當中最早的福音書。現在四福音的順序，反映出初代教會認為四福音撰寫的先後順序。他們相信馬太福音最早撰寫，因此排在最前面，約翰福音最後撰寫，因此排在最後面。從很久以前，福音書的讀者已經確認前三本福音書的內容相當類似。當這些相似之處和約翰福音非常不同的記載並相互比較時，更是令人驚訝。馬太福音、路加福音和馬可福音有共同的大綱，有時這三卷福音書的事件次序相同，這三卷福音書在某些地方，甚至運用共同的語言，這些類似之處是如此重要，導致從十九世紀初開始，前三卷福音書被人稱為共觀福音（Synoptic Gospels）。「共觀」這個字，是由希臘

字「synopsis」（意為「用相同的眼睛觀看」）而來。有
人將馬太福音、路加福音和馬可福音的經文，以平行的
方式排列及觀看，稱為「福音合參」（Gospel parallels）。

　　前三本福音書當中，其相似之處令人驚訝，曾經
被人認為只是因為巧合。因為不同的作者講述相同的故
事，眾人認為這三卷福音書的整體大綱、事件的次序均
相同。因為不同的作者描述相同的故事，眾人相信他們
也許只是恰巧地使用相同的語言。但十八及十九世紀的
學者們，仔細比較這三卷福音書的經文之後，質疑這些
早期的假設。這些相似之處，令人驚訝又如此廣泛，因
此這三卷福音書必然有文學上的依賴關係，才是合理的
邏輯。換句話說，一位或是一位以上的福音書作者，必
定曾經抄寫過以前作者的著作。但是，到底是誰抄誰
呢？存在於前三本福音書文學關係的相關問題，稱為
「共觀福音書的問題（Synoptic Problem）」，解決了共觀
福音書的問題之後，就會顯明哪一本福音書才是最早的
福音書。

　　十九世紀的聖經學者，詳細地比較福音書的經文以

後下了結論：馬可福音是最早的福音書（Mark's Gospel was the earliest），馬太及路加作者讀過或知道馬可福音書。「馬可優先說」（Markan priority）——馬可福音是最早福音書的概念，說明了馬可福音當中約有 90% 經文（約 600 節）出現在馬太福音；約有 50% 經文（約 350 節）出現在路加福音。馬可福音的經文，沒有在馬太福音或路加福音出現的，少於三十節。而省略這些經文的原因，非常容易加以解釋，例如：跟著馬可福音耶穌被捕的記載，我們得知「有一個少年人，赤身披著一塊麻布，跟隨耶穌，眾人就捉拿他。他卻丟了麻布，赤身逃走了。」（十四 51～52）（編注：內文除非特別標註，否則都是引自「馬可福音」的「和合本上帝版聖經」）這個故事的細節也許沒有這麼重要到「值得去列入在馬太福音或路加福音當中」。馬太福音或路加福音沒有出現的其他經文（例如四 26～29；七 31～37；八 22～26；九 49～50），也許是後來的福音書作者，認為它們並不符合其敘事的需要。

「馬可優先說」的原則，也展現在馬太福音或路加福音「更正」馬可福音的例子。馬可在他福音書的開頭

寫道：「正如先知以賽亞書上記著說，」（一 2a），但是
他在一章 2 節下半段卻引述瑪拉基書三章 1 節：「我要
差遣我的使者，在我前面預備道路。」馬可在一章 3 節
引述以賽亞書四十章 3 節：「有人聲喊著說，在曠野豫
備耶和華的路，但在沙漠地修平我們上帝的道。」馬可
在一章 2 節下半段引述瑪拉基書的經文，但馬太福音三
章 3 節以及路加福音三章 4 節相關平行的經文中卻被省
略。馬太福音及路加福音以這種方式和馬可福音互相聯
繫，見證「馬可優先說」的原則。

　　「馬可優先說」的原則，對於學習新約聖經的人而
言有重要的意義。因為馬可福音是正典（canonical）福
音書當中最早的一本福音書，因此研究福音書時，應該
先從馬可福音開始。「馬可優先說」的原則，也對那些
如何學習馬可福音的人而言有重要的意義。若要了解馬
可福音的內容，必須仔細考慮馬可福音的經文，而不
用去考慮馬太福音及或路加福音的經文——這種進路
（approach）在歷史上是有道理的。因為在撰寫馬可福
音時，馬太福音及或路加福音尚未存在。馬可福音的作
者並不會假設馬太福音及或路加福音會增補他的著作。

因此，這本福音書合適的進路是讓讀者採取原來讀者的角度，聆聽這本福音書的信息，而不去提及馬太福音及路加福音。欣賞馬可福音本身的價值，將會顯現馬可這位傳道師真正的才華。

……起頭（一 1a）

馬可福音以這些話作為開頭：「上帝的兒子，耶穌基督福音的起頭。」（一1）開頭的這一節經文，對於適當地瞭解接下來的著作，提供了非常重要的資訊。這本著作完成幾個世紀之後，才加上去現在的書名《馬可福音》。

主後第二世紀時，有人認為這本著作的作者是彼得前書五章13節當中，彼得的其中一位門徒，他稱為「我兒子馬可」。因為傳統的書名並非原來福音書經文的一部分，而且在這卷書裡沒有人是真實的作者，因此馬可福音是佚名作者的著作。為了方便並且與傳統一致的緣故，我們將會繼續稱呼這本福音書的作者是馬可傳道師、或是福音書作者馬可。但是，稱呼這本書的作者「馬可」，是文學上的方便，因為我們仍然不知道作者的身分，這也必定是作者想要的方式。畢竟，馬可福音的

信息比作者的身分更加重要。而且，這個故事並不屬於
作者，而是屬於教會。

那麼，開始的這一節經文的目的，以及「起頭」這
個字眼的特殊目的是甚麼？這一節經文，是否僅僅述說
有關耶穌的故事？就是以耶穌的受洗為開始（一 9～11
節），前面則是施洗約翰的介紹（一 2～8）；或者馬可
福音的第一章 1 節是接下來整個作品的標題？注意這節
經文並不是一個句子，因為它少了一個動詞。因為傳統
的標題「馬可福音」並不是原來的標題，這開頭的第一
節是否才是作者想要的標題？我們將會在研究的結尾，
回到這個問題。

……福音（一 1b）

馬可福音是最早的福音書，大約在主後七十年撰寫完
成。但是，馬可福音並不是新約聖經當中最早的作品。
使徒保羅撰寫的七封書信：羅馬書、哥林多前書、哥林
多後書、加拉太書、腓立比書、帖撒羅尼迦前書及腓利
門書，都是在主後五〇年代撰寫，因此，比馬可福音大
約早了十五至二十年。這七封保羅所寫的書信，普遍顯
示著對耶穌世上生活的細節並沒有多大的興趣。哥林多

前書第十五章的開頭，是保羅在主後五〇年代中期撰寫的，他「提醒」哥林多人，他在四〇年代後期建立哥林多教會，他「傳給」他們的「福音」（林前十五 1）。保羅引述早期基督教信經（Christian creedal）的陳述，將「最重要的」東西做了摘要（林前十五 3a），也就是耶穌基督的死和復活（林前十五 3b～5）。保羅運用這個古老的信經，展現從基督徒運動的開始，基督的死亡和復活就被了解為「福音」的關鍵要素。當保羅使用「福音」這個字眼，指的是簡明扼要的信息，有關上帝在耶穌死亡和復活的救贖工作。

耶穌在世上生活的細節，保羅沒有太多興趣，保羅相信因為基督的死和復活，新時代已經開始。這信仰如同哥林多前書第十五章剩餘部分的解釋（尤其林前十五 50～57），會因為基督不久之後的再臨（希臘文為 parousia；見林前十五 23）而達到高峰。因為這個理由，保羅的興趣在於復活的基督現在的主權，而不是拿撒勒耶穌過去在世上的生活。保羅和其他第一代基督徒，採取朝向未來而非朝向過去，因此他們不會單單因為歷史的原因就對這些歷史產生興趣。

這並不是意味著，在初代基督徒的運動當中，耶穌所說的話和他所做的事並不重要。相反地，從最早的年代開始，耶穌的話語和事蹟已經廣泛地流傳。但是這些早期的傳統，以各自單位的口頭形式流傳，並未提及時間和地點。因此，也許在禮拜當中，講述並解釋有關耶穌施行神蹟的故事；或者以耶穌的某個比喻，將有關基督的信仰教導那些新皈依的人們。當然，耶穌的言行被人一再地宣揚，但是對於末世將臨的信仰，最有可能讓第一代的基督徒產生沮喪。因為他們在那些早期的年代，記錄了耶穌在世上的生活和教導。當基督徒面對世界立即的終止，他們並不會想要花時間或者因記錄過去而覺得麻煩。

假如馬可福音是最早的福音書，馬可就是第一位將這些口傳歷史資料加以安排及整理成為書面文件的人。馬可福音書作者馬可被視為一位編輯者，更勝於一位作者。馬可並沒有在福音書當中創作許多的材料，他反而是將這些素材整理為一致的整體著作，他稱為福音（希臘文 euangelion，一 1）。因此馬可使用「福音」一詞，是將這個用語賦予新的用法。對於保羅而言，「福

音」這字詞是指「有關上帝在耶穌死亡和復活的拯救工作」的簡要信息；但對於馬可而言，「福音」描述的是一種文學的型態，在一連串的敘事當中，描述包含耶穌死亡和復活的事件。新修正標準版聖經（New Revised Standard Version, NRSV）將馬可福音第一章 1 節的希臘文 euangelion 翻譯成 good news（好消息），就是這個字的字面意義。希臘文 eu 的意思是「好」，angelion 意即「消息」，但是，將 euangelion 這個字翻譯成更傳統的「福音」，就更能展現馬可運用這個為人熟知的字眼，並確認成為新文學體裁的方式。

……上帝的兒子，耶穌基督（一 1c）

雖然馬可福音是最早的福音書，但它並非是一本客觀的傳記，亦即拿撒勒耶穌的生平和事件發生的時間，都嚴格地以年代的次序來排列。馬可福音的寫作時間在馬太、路加和約翰福音之前，但是可以確信的是，馬可福音雖非耶穌生平客觀的記載，亦即沒有受到他神學關注影響的記載，但也絲毫未被馬可自己的神學關注所影響。我們從馬可福音一章 1 節的最後，以「上帝的兒子，耶穌基督」作為結束，就能明顯看出這種傾向。有

些古代的希臘文抄本，馬可福音一章 1 節裡面並沒有
「上帝的兒子」這個片語。但是這種處理方法的來源，
比那些包含這片語的來源更晚，因此這節經文原始的讀
法，必定包含「上帝的兒子」。

　　作者藉著確認耶穌為「上帝的兒子，耶穌基督」讓
我們確定接下來的記載並非拿撒勒耶穌生平和時間客觀
的記事。第一節經文假設耶穌是「上帝的兒子，耶穌
基督」，因此作者必須假定讀者從一開始就接受這個假
設。所以，馬可福音是由一位有信仰的人寫給一群有信
仰的人。再者，讀者們從著作的開始就知道耶穌真正的
身分。讀者所知道的，與敘事中角色所知道的，我們在
本書將會看見兩者非常重大的對照。

　　馬可福音敘事的其他層面，證明馬可主要的興趣
並非提供歷史上每天正確無誤的耶穌生平和時代。換言
之，馬可福音並非嚴格定義下的自傳。尤其當人們考慮
馬可福音欠缺的部分，更是非常明顯。舉例而言，馬可
並沒有完整地處理耶穌的生平。在馬可福音當中，沒有
耶穌早年的生平。在馬可福音當中，我們首先在耶穌的

洗禮遇見他，當時他已經是成年人。雖然馬可集中關注於耶穌公開的服事，但也並未包含耶穌所有的言行，只有選擇性地處理主要角色的生平，並非自傳的特徵。

馬可也遺漏自傳的其他特色。最值得注意的是馬可並未提及耶穌的外貌。什麼樣的自傳，竟然沒有描述主角的外表？耶穌內在的想法或是有關他個人的發展，馬可也同樣未提供。耶穌以全然成熟的主角出現於場景，當故事進展時他也很少改變，這對於自傳體裁的文學作品來說也是件不尋常的事。自傳通常會用許多的篇幅來介紹並且處理著作的主角在情緒和智力方面的發展。

對於提供按照正確年代次序編排的耶穌生平，馬可也沒有興趣。可以確信的是，馬可福音擁有從耶穌洗禮、公開傳道、死亡及復活整體年代的概要。但是馬可似乎有相當的程度，並不關注特殊事件發生的正確時間。例如在馬可福音當中，並不常提及特定的參考時間。馬可福音四章 35 節「當那天晚上」，耶穌和門徒渡湖到對岸去，但是直到六章 2 節，才會出現下一個明確提起的時間，卻只提及「到了安息日」。作者用他最喜

愛提及時間的字眼「立刻、隨即（immediately）」來介紹許多事件，馬可福音的「希臘文」經文當中，總共出現四十二處「立刻、隨即」這個字。這些突然的轉接詞，給予馬可福音如同幻燈片的感覺，從這個場景快速地移至下一個場景。馬太福音和路加福音在場景之間，有比較流暢的轉換，使得馬可福音的幻燈片變成動畫。

明顯地，馬可的興趣並非提供歷史上正確年代次序所編排的耶穌生平。無論如何，一般初代教會缺乏對純粹歷史的興趣，也不會令人感到驚訝。再者，馬可福音是在耶穌死亡後約四十多年才寫成，因此作者資料的來源可能有限。而且口述傳統的本質，可能使得運用歷史重建耶穌的生平變得困難許多。耶穌的言行常以一般的字引導讀者，例如「有一個安息日，耶穌經過麥田。」（二 23a）這點流傳的傳統並未指明這片麥田的地點，在他公開傳道時，這事件何時發生，或是這個事件和耶穌傳道當中其他的事件是如何（how）互相關聯。

假如馬可福音是第一本福音書，而在馬可福音成書之前，有關耶穌的寫作材料是以口頭（oral）傳統小段

落的型態流傳，那麼馬可就是第一位以特殊的方式排列那些許多口頭傳統小段落的人。馬可排列、改變並且為這些故事的小段落辯護，讓它們全面地解釋耶穌在世上的生涯。但是，就歷史的正確性而言，並非馬可安排這些口頭傳統的單位。馬可主要的關注點是神學上的、而非歷史上的。作者為了用神學來陳述這位復活的主的身分，和他對其追隨者的意義而運用了這些傳統的要素。因此，即使這本書是最早的福音書，也並不是耶穌在世上生平客觀歷史的記載。

馬可福音雖然是新約正典最早的福音書，但是仍然展現極大的創造力。作者已經完成早期教會沒有人完成過的大事，就是創造一種基督教著作的嶄新型態，稱為「福音」。我們無法想像沒有福音書的新約聖經，亦即證實他這種文學實驗的全面性成就。但是，若馬可主要關心的並不在於歷史的正確性，那麼我們就必須仔細聆聽他獨特的信息。

在接下來的章節當中，我們將會探討馬可福音獨特的信息，而且會更加欣賞馬可這位傳道師的才華。

福音的開頭

＞研讀馬可福音－1～三 35

馬可福音的結構

馬可福音的核心是描述耶穌基督，並且基於這種描述，將馬可福音適當地分為兩個部分。馬可福音前半部（一 14～八 30），描述耶穌是位施行神蹟的人，他施行的神蹟非常成功、令人驚訝又受人歡迎。耶穌施行神奇的工作，絕大部分集中在前八章，他施行十一個醫治以及四個自然的神蹟。耶穌也以強而有力的言語和行為，讓屬靈和世上的反對者都靜默。再者，耶穌受到眾人極大的歡迎，從四處吸引許多群眾。馬可福音前半

部將耶穌描述為強而有力的基督（the powerful Christ）。

然而，馬可福音後半部（八 31～十五 47），被十字
架和導致耶穌死亡的事件所支配。他受人歡迎的程度降
低，好像反對他的人占了上風——他們成功地逮捕、審
問他，並且將他交給權威人士，然後判處他死刑。馬可
福音的後半部，將耶穌描述為受苦的基督（the suffering
Christ）。

前言（一 1～13）包括耶穌開始公開傳道之前的事
件，以及結語（十六 1～8）描寫空墓的場景，將這兩
大部分加以涵蓋了。我們在這一章將會留意前言（一
1～13）以及耶穌在加利利地區公開傳道的第一階段（一
14～三 35）。

馬可福音的前言（一 1～13）

馬可在一章 1 節運用「福音」的字眼，描述一種嶄新的
文學形式，其特色是以一連串事件的敘事導致、並且包
含耶穌基督的死亡及復活。在早期教會的文學形式當
中，這種福音的文學形式並非顯而易見的選擇。早期教

會當中，書信是最早、最基本、而且最常被廣泛運用的
文學形式。事實上，新約聖經包含二十一封書信，有些
書信比馬可福音更早。這種福音的文學形式，代表早期
基督教文學的創新。馬可是正典福音書中最早的作者，
發明了這種福音的文學形式。

　　馬可福音當中，耶穌首先在他接受洗禮的場景中
出現（一 9～10）。馬可福音並未記載天使報喜、耶穌
降生、耶穌的家譜，以及他的幼年、少年或是青年的時
期。馬可福音當中，耶穌一出現就已經是一位成年人，
在此福音書的其他部分，只稍微提及他的家庭背景（三
21，31；六 3）。

　　但在耶穌洗禮之前，需要先介紹施洗約翰（一
2～8）。雖然作者在一章 2 節下半引述瑪拉基書的經
文──作者卻以為它是出自以賽亞書（一 2a）──馬可
福音第一章當中的這個引述以及其他的引述，充當描述
施洗約翰是耶穌的先驅者（forerunner）。瑪拉基書的經
文提及，有位「使者在你前面，預備道路」（一 2a），
然後以賽亞書的經文提及「在曠野有人聲喊著說：豫

備主的道，修直他的路。」（一 3）施洗約翰在曠野居住的描述，讀者看見這些經文和約翰角色立即的連結。施洗約翰在接下來的傳講中提到：「有一位在我以後來的，能力比我更大，」（一 7）馬可福音一章 14 節上半的說明，提及約翰下監，剛好在耶穌公開傳道之前，更加表達出施洗約翰是耶穌先驅的角色。雖然直到馬可福音六章 14～29 節才描述約翰死在希律（Herod Antipas）的手中，但是在主角進場之前，這位先驅者必須離開舞臺。因為我們承認施洗約翰是位先驅——「預備主的道」的那一位。在馬可福音預備的活動當中，甚至耶穌出現於故事之前，施洗約翰就肯定耶穌是「將來臨的主」。

施洗約翰在馬可福音一章 9 節為耶穌施洗，但是經文中並未指出約翰在耶穌接受洗禮的前後，是否已經知道耶穌的身分。在耶穌洗禮時，馬可解釋「他從水裡一上來，就看見天裂開了，聖靈彷彿鴿子，降在他身上。」（一 10）這句經文暗示只有耶穌看見天開，以及聖靈的降臨。接著天上有聲音說：「你是我親愛的兒子，我喜悅你。」（一 11）這聲音在此直接向耶穌

說話：「你是⋯⋯」，而且未指出其他的人聽見這些話
語。若是和後來福音書的記載加以比較，馬可的記載較
為特殊。按照馬太福音的版本，天上的聲音證實「這
是我的愛子」是對約翰說話（而且假設其他人也聽得
見）。而依據路加的記載，在場每一位都見證聖靈的降
臨，因為「聖靈降在他身上，形狀彷彿鴿子。」（路三
22）但是在馬可福音當中，當耶穌受洗之後，只有上
帝、聖靈、耶穌及讀者知道耶穌真正的身分。

　　馬可福音當中，上帝在耶穌接受洗禮時所說的話，
對於耶穌的身分提供了重要的線索。從天上所說的話
語，由兩節引述的經文組成。第一部分：「你是我的愛
子，我喜悅你。」（一11）是從詩篇第二篇而來。這首
詩篇是君王的詩篇，描述新國王登上以色列王位那天所
發生的事。在古代的以色列，有人成為新國王的那一
天就會被膏抹，掃羅就是第一位（見撒上十1）。因為
這個原因，被膏抹者（anointed one）就是國王（king）
的同義詞。「被膏抹者」的希伯來文是「meshiah」，我
們從這個字得到「Messiah（彌賽亞）」。詩篇第2篇提
到「耶和華、並他的受膏者」（詩二2b），接著說：「耶

和華曾對我說，你是我的兒子，我今日生你。」（詩二
7b）新國王登基的那一天，國王被「收養」成為上帝之
子。這種收養其中的一個記號，就是擁有聖靈（Holy
Spirit）。譬如，大衛被膏抹並成為以色列王的那一天，
「從這日起，耶和華的靈就大大感動大衛。」（撒上十六
13a）透過洗禮，耶穌被膏抹成為「上帝之子」，因此從
那時開始，他就被聖靈掌管。因為真實的故事從耶穌的
洗禮開始，所以馬可對他洗禮之前的生活沒有興趣！

　　但是，上帝對耶穌說話的第二部分：「你是我的愛
子，我喜悅你。」，是從以賽亞書四二章 1 節而來。這
部分以賽亞書的特色，是四首所謂的僕人之歌（Servant
Songs，賽四二 1～4；賽四九 1～6；賽五十 4～9；賽
五二 13～五三 12），描述代替他人受苦的人。誰是這裡
描述的那位僕人？雖然在這幾章當中，這位僕人有時是
以色列國（見賽四九 3，也見賽四一 8～10；賽四三 8～
13；賽四四 1～2，21；賽四五 4；賽四八 20）。「僕人
之歌」也敘述身為個人的受苦僕人（見賽四九 1～2，
4～6；也見賽四二 1～4；賽五十 4～11；賽五二 13～
五三 12）。以賽亞書四十二章的第 1 節，是第一首僕人

之歌的第 1 節，也是上帝在耶穌受洗時所說的話。馬可
（以及初代教會的其他人）看見以賽亞書四二章的第 1
節和其他的僕人之歌，就是在指耶穌。藉著在耶穌接受
洗禮時（一 11b）引述賽四二章 1 節，上帝宣布這位剛
「被膏抹者」的耶穌注定為他人受苦。

　　耶穌接受洗禮領受聖靈時，聖靈就催促耶穌進入
曠野，耶穌和屬靈的力量產生衝突（一 12～13）。耶穌
身上有上帝的靈，他不僅會和人類的敵人抗爭，也會遭
遇屬靈的對抗。在這段經文當中，耶穌的敵人是撒但，
接下來是不潔淨的靈和污鬼。提及耶穌「在曠野四十
天」（一 13b），讓我們想起以色列人在出埃及的事件之
後，在曠野也漂流四十年之久。耶穌不像以色列人，他
在接受考驗和試探的期間仍然忠實。天使來伺候他（一
3b），代表耶穌擁有上帝的能力。因此在馬可福音的前
言，上帝呼召耶穌，而且以聖靈的能力裝備他，撒但也
親自來考驗他。耶穌現在已經準備妥當，要開始他公開
傳道的事工。

耶穌公開傳道的第一階段（一 14～三 35）

約翰下監以後，耶穌公開的傳道從北邊的加利利開始
（一 14b），宣傳上帝的福音（一 14）。在此，耶穌所傳
的「福音」就是「日期滿了，上帝的國近了。你們當悔
改，信福音」（一 15）。這並不像馬可在一章 1 節使用
「福音」的字眼，在同一章後來的兩節經文，運用「福
音」的字眼時，是以較傳統的意義，就是有關上帝拯救
活動簡要的陳述，並且被人們傳揚。

馬可福音前半部，描述耶穌是一位言語和行為都是
充滿了能力的人物。這種能力，在他開始公開傳道並且
呼召第一批門徒時明顯可見（一 16～20）——耶穌並未
向西門、安德烈、雅各及約翰介紹他自己。當耶穌呼召
他們，向他們說：「我要叫你們得人如得魚一樣。」（一
17），他們並沒有詢問任何問題，就「立刻、隨即」回
應（一 18，20）。毫無疑問地，第一批門徒立即回應耶
穌的呼召，證明耶穌話語的能力。

耶穌所行的神蹟，更加證明他的能力。他在馬可
福音第一章醫治三位特定的人和一些非特定的人（一

34，39）。耶穌首先到迦百農，安息日在會堂的裡面，醫治一位被污鬼附身的男人（一 21～28）。那污鬼認得耶穌，因為他喊叫說：「我知道你是誰，乃是上帝的聖者。」（一 24）但是經文當中卻未指出「只有耶穌聽見污鬼所說的話」。耶穌責備他說：「不要作聲，從這人身上出來罷。」（一 25）

耶穌對污鬼下了一個「不要作聲」的命令，令人感到好奇。這代表馬可福音獨特主題的第一個部分，稱為彌賽亞的奧秘（the messianic secret）。馬可福音裡面，耶穌在許多場合要求別人不能顯明他的身分。在第一章稍後，我們看見耶穌「不許鬼說話，因為鬼認識他。」（一 34b）眾人對於耶穌趕鬼的反應充滿驚訝（一 27），然而「耶穌的名聲，就傳遍了加利利的四方。」（一 28）。

接著，彼得的岳母正害熱病，耶穌醫好她（一 29～31）。耶穌在迦百農醫治其他人之後（一 32～34），又到加利利其他地區傳道和醫病（一 35～39）。他潔淨一位長大痲瘋的人（一 40～45），這是馬可福音

第一章裡面第三個醫治的神蹟。這個故事有兩個細節
值得注意。首先，是耶穌觸摸那不能觸摸的人們（一
41）。耶穌身處在一個「因為痲瘋病有令人恐懼的傳染
性，因此把這種病人和其他人隔離」的社會當中，但他
不僅觸摸還醫治了這個痲瘋病人。耶穌在其他地方並未
有身體的接觸，只用他充滿能力的話語去醫治（見一
21～28；二 1～12；三 1～6；五 1～13；九 14～29；十
46～52），但是耶穌觸摸這位痲瘋病人後，卻沒有因此
得到這種疾病，因此展現了耶穌的能力。第二，這疾病
「即時地」離開這人的身體（一 42），更加展現耶穌的
能力——即使是現代科學的進步，皮膚的疾病也從來不
會被「即時」治癒，這個例子卻是如此令人驚訝。

耶穌稍後「嚴嚴地」囑咐那人，不可告訴別人有關
治癒的事（一 43～44）。這是「彌賽亞的奧秘」主題的
第二個部分：耶穌命令那些被醫好的人們（以及那些見
證者）保持靜默。但是，這人卻沒有服從耶穌的命令，
且告訴了所有的人（一 45a），使耶穌「不得再明明的
進城」（一 45b）。耶穌的名聲對他的傳道並沒有助益一
事實上，名聲阻礙了耶穌的工作。因此，到了馬可福音

第一章的結尾，耶穌被人們視為是言語和行為都極有能
力且受到眾人極熱烈歡迎的人。

　　第二章及第三章介紹故事當中的新要素，也就是反
對聲浪（opposition）。耶穌和宗教領袖針對他施行的下
一個神蹟（亦即治好癱瘓的病人）產生了爭執（二 1～
12）。這事證明了耶穌受人歡迎的程度，因為四個人擡
著一個癱子，竟然無法靠近耶穌在迦百農的房子，因此
他們「拆了房頂⋯⋯就把癱子連所躺臥的褥子都縋下
來。」（二 4）但耶穌並未立即醫治這位癱子，而是先
對他說：「小子，你的罪赦了。」（二 5）這句話激怒了
猶太的文士，因為他們認為「除了上帝以外，誰能赦罪
呢？」（二 7b）然而，耶穌為了醫治這位癱子，不僅證
明他醫治的能力，並且「在地上有赦罪的權柄。」（二
10）

　　爭執場面仍繼續進行。耶穌呼召一位叫利未的稅
吏，並與利未和他的朋友一起吃飯（二 15～17）。法利
賽人中的文士看見耶穌和罪人一同吃飯而責備他（二
16），但是耶穌運用下面的陳述使他的敵人安靜：「康

健的人用不著醫生，有病的人纔用得著。我來本不是召義人，乃是召罪人。」（二 17）再來，禁食則是和吃飯的習慣是相關的主題。那些人挑戰耶穌說：「約翰的門徒和法利賽人的門徒禁食，你的門徒倒不禁食，」耶穌回應他們，現在並非禁食的時候，因為「新郎和陪伴之人同在的時候，陪伴之人豈能禁食呢？」（二 19）以後禁食才是更恰當的時候（二 20）。

兩個處理有關飲食問題的事件之後（二 13～22），接續的是兩個有關遵守安息日的故事（二 23～三 6）。第一個事件是耶穌和他的門徒在安息日行經麥田（二 23～28）。法利賽人批評耶穌的門徒「掐了麥穗」，違反在安息日禁止任何工作的誡命（出二十 8～11）。耶穌用帶著權威的口氣回答：「安息日是為人設立的，人不是為安息日設立的。」（二 27）因此讓他的敵人安靜下來。

接著，耶穌在安息日醫好一位手枯乾的人（三 1～5），再次違反摩西的律法。耶穌認為醫治是某種行善（doing good）的方式，質問法利賽人是否允許在安息日

「行善」？他藉此挑戰他們對安息日命令的解釋，法利賽人都不作聲。那些心裡剛硬的法利賽人對律法的解釋，使得耶穌既生氣又憂愁（三 3～5a），他蔑視這些法利賽人且醫治這位手枯乾的人（三 5b）。這個神蹟的結果則是「法利賽人出去，同希律一黨的人商議，怎樣可以除滅耶穌。」（三 6）

雖然宗教領袖對耶穌的敵意日漸增長，但是他受眾人歡迎的程度也日益增加。耶穌的名聲傳揚到非常遠的地方，甚至超越以色列的邊界（三 8），但是他受眾人的歡迎，威脅了他生活上的平安。因為人多，眾人又都想要觸摸他，因此耶穌必須採取逃避的行動，免得眾人擁擠他（三 9）。雖然污鬼認得他「是上帝的兒子」（三 11），但群眾顯然不認識他。他們聽聞這位偉大施行神蹟的人，而且距離他們只有數哩之遠，於是紛紛去看他，但是沒有任何的跡象顯示這些群眾知道耶穌真正的身分。為了和「彌賽亞奧秘」的主題一致，耶穌叫這些污鬼安靜，因為牠們知道他是誰（三 12）。耶穌沒要求群眾安靜，由此證明，群眾並不知道耶穌真正的身分。

耶穌傳道的第一階段在耶穌設立十二位門徒之後（三 13～19），以回到他的家作為結束（三 20）。根據耶穌到那時為止的言語和行為，人們當然認識耶穌是誰──我們會期待的是，耶穌自己的家人和當時的宗教學者應該是最認識他的那些人──但是當耶穌回到家中，他的家人「出來要拉住他，」（三 21）因為他們懷疑耶穌的神志並不清楚，換句話說，他的家人嘗試不讓耶穌作事工，而且「從耶路撒冷下來的文士」（三 22a）──就是當時最有學問的人，也質疑耶穌的權柄。他們並不認為耶穌是因為聖靈充滿，而是與邪惡的勢力一起合作（三 22b），並且已被污鬼附身（三 30）的人。

耶穌首先駁斥那些文士，他們控訴耶穌的能力從撒但而來。他問：「撒但怎能趕出撒但呢？」（三 23b）假如撒但趕出撒但，那麼「他就站立不住，必要滅亡。」（三 26）為了回應家人對他的不信（三 21），當家人請求見耶穌的面，耶穌就斥責他們（三 31）。注意，當耶穌的家人打發人去叫耶穌時，描述說，「耶穌的母親，和弟兄」是「站在外邊」（三 31b，32b），也就是

說他們並不屬於「在耶穌周圍坐著」的人群（三 32a，
34a）。他的家人並不屬於耶穌核心的信徒。耶穌真正的
親人是那些遵行上帝旨意的人，然而耶穌血緣的家人卻
未達到這種標準（三 35）。

　　因此耶穌傳道的第一階段，對於讀者來說，已清楚
見證耶穌的身分，但是對故事中的角色來說，卻已造成
他們對耶穌身分的混淆不清。即使耶穌行過五個神蹟，
並且使所有人類和屬靈的敵人安靜，人們仍然不認識耶
穌的身分。耶穌所行的神蹟似乎遮掩他的身分，而非澄
清了他的身分。當然，他受眾人歡迎，但那是因為他施
行神蹟。即使那些「應該」認識他身分的人們——他的
家人和當時受過最好訓練的學者——也未能明白他的身
分。那些認識耶穌真正身分的人，只有上帝、耶穌自
己、聖靈、天使、撒但和污鬼以及馬可福音的讀者！故
事中的其他人物仍然對耶穌真正的身分毫無頭緒。

行奇事的耶穌

>研讀馬可福音四 1～七 37

在馬可福音的前三章，耶穌已經顯明自己的言行充滿了能力。他讓知道他身分的污鬼（一 25，34b；三 12）以及不知道他身分的人類的敵人（二 8～12，17，19～22，25～28；三 4～5）安靜。他呼召第一批門徒和利未（二 13～14）的時候，他們都毫無遲疑地跟隨他，已經讓我們看見他話語的能力。我們在馬可福音的這個部分看見耶穌強而有力的行為，包含五個令人印象深刻的神蹟，連一些細節都加以描述——趕出污鬼（一 21～28）、治好彼得的岳母（一 29～31）、潔

淨長大痲瘋的人（一 40～45）、治好癱瘓的病人（二 1～
12）以及治好手枯乾的人（三 1～6）──加上那些提及
卻未描述的醫治（一 34，39；三 10～11）。但是當耶穌
回到家裡，他自己的家人卻認為他瘋了（三 21），從耶
路撒冷來的文士則認為他是被撒但附着（三 30）。雖然
這些神蹟吸引了群眾，但耶穌的奇事並未顯明出他的身
分。

耶穌用比喻來教導（四 1～34）

在耶穌公開傳道的第二階段開始之前，第四章提供一個
簡短的穿插事件。耶穌在這裡用比喻來教導。馬可福音
大多數的比喻裡面，其兇惡園戶是著名的例外穿插事件
（十二 1～12），其餘的比喻都集中在第四章。比喻，是
建立在日常生活事件和經驗上面延伸的隱喻，用來描述
「那無法描述」的事物，例如上帝國。這些比喻經常包
含引導式片語，例如「上帝的國如同……」，一個真正
的比喻有著單點比較（single point of comparison）的特
質在內。芥菜種的比喻（四 30～32）是個真正的比喻，
因為它將不明顯的開頭與顯著的結束加以對照。

　　第四章一開始，耶穌坐在加利利海的船上，教導海邊的「許多人」（四 1）。他開始「用比喻教訓他們許多道理。」（四 2a）首先是用撒種的比喻（四 3〜9）。後來，當耶穌與他較親近的門徒單獨在一起時，他這麼說：「上帝國的奧祕只叫你們知道，若是對外人講，凡事就用比喻。」（四 11）這裡是那些圈內人和那些局外人的差別。我們在前面一段有關耶穌和他的家人的經文（三 31〜35），也看見這種差異。耶穌引述先知以賽亞呼召的經文（賽六 10b），以比喻教導，使局外人「看是看見，卻不曉得。聽是聽見，卻不明白。恐怕他們回轉過來，就得赦免。」（四 12）因此，比喻是為了使「那些局外人」產生混亂。

　　另一方面，因為耶穌向圈內人解釋那些比喻，正如他解釋撒種的比喻（四 3〜9），將「上帝國的奧秘」給了那些圈內人（四 11a）。但是，耶穌在此的解釋（四 14〜20）是以寓意的方式——因為故事的每一項細節，都指向另一件事物——因此，種子就是「道」（四 14），飛鳥（四 4）代表撒但（四 15 b），各種不同的土壤代表對「道」不同的回應。再者，「日頭」（四 6）意

指「為道遭了患難，或是受了逼迫，」（四 17）「荊棘」
（四 7）是「世上的思慮、錢財的迷惑，和別樣的私慾，
進來把道擠住了。」（四 19）耶穌在這些經節實踐了後
來所說的事，就是他「若不用比喻，就不對他們講；沒
有人的時候，就把一切的道講給門徒聽。」（四 34）因
此，現在門徒有「圈內人」的思路了。他們比敘事裡
的其他人有更深的認識，因為耶穌在「沒有人的時候」
（四 34），將他在公開場合的教導解釋給門徒聽。

耶穌公開傳道的第二階段（四 35～六 6a）

在這段短暫教導的插曲之後，耶穌開始他公開傳道的第
二階段。在這個階段，耶穌被描寫為最擅於施行神蹟的
人。耶穌在第一階段，行了五個令人印象深刻的神蹟，
但是在第二個階段，他又施行了更偉大、更美好的四個
神蹟。在這幾段經文當中，耶穌施行的第一個神蹟，
顯示他勝過自然的能力（四 35～41）。雖然是「忽然起
了暴風，波浪打入船內，甚至船要滿了水。」（四 37）
有人發現耶穌「在船尾上，枕著枕頭睡覺。」（四 38a）
慌亂、害怕自己性命不保的門徒，叫醒了耶穌。馬可
記載耶穌僅是「斥責風，向海說：住了吧！靜了吧！」

（四 39a）耶穌說完話，結果風和海就「大大地平靜了。」
（四 39b）耶穌的話語讓世界創造時的混沌平靜下來！
但是耶穌接下來問他們的問題是：「為甚麼膽怯，你們
還沒有信心麼。」（四 41b）很明顯地，門徒們並不知
道耶穌真正的身分。

　　耶穌所行的下一個神蹟是趕鬼，這是在馬可福音
直到目前為止，我們看到的耶穌施行神蹟最普遍的形式
（見一 21～28，34，39；三 11）。但是在馬可福音的第
五章，耶穌遇到格拉森一個被鬼附的、並非是一般被鬼
附的人。這人是「住在墳塋裡」的流浪漢（五 3）；身
體強壯，沒有任何人或任何東西能約束他（五 4），「又
用石頭砍自己」（五 5）。當他們相遇，撒但就認出耶穌
是「至高上帝的兒子耶穌」（五 7）。但是當耶穌得知他
被兩千個污鬼附身，他就將這些污鬼從他身上趕出來，
並且允許牠們進入豬群（五 13）。格拉森的男子潔淨
之後，懇求耶穌讓他跟隨（五 18），但是耶穌並不允許
（五 19a），反而指示那人說：「你回家去，到你的親屬
那裡，將<u>主</u>為你所做的是何等大的事，是怎樣憐憫你，
都告訴他們。」（五 19b，畫線部分是作者的強調）但

是我們知道在下一節，「那人就走了，在低加波利，傳揚*耶穌*為他做了何等大的事」（五 20，畫線部分是作者的強調）。即使讀者從第一章就知道施洗約翰預備道路的耶穌是主，但這人並未遵守主耶穌的吩咐。（五 20）

耶穌所行的下一個神蹟是一個醫治事件（五 24b～34），「耶穌使睚魯的女兒復活」是這整個醫治事件的故事框架（五 21～24a, 35～43）。會堂的領袖睚魯俯伏在耶穌腳前，懇求耶穌按手在他女兒身上，因為她「快要死了」（五 23）。當耶穌前往看睚魯女兒的路上，特別的事情發生了。

這個「醫治血漏婦人」特殊事件的一開始是提到，在耶穌周圍的人群「擁擠他」（五 24b），然後作者再詳細描述這位害病婦女的情況。那婦人因為血漏已經受苦十二年（五 25），再者，她已經花盡了所有的金錢，卻一點也不見好轉，所以那時的她已經破產，而且依然沒治癒成功。「她聽見耶穌的事，」（五 27）就從擁擠的人群當中，勇敢地嘗試去觸摸耶穌的衣裳。她一觸摸耶穌的衣裳，「血漏的源頭，立刻乾了。」（五 29）耶穌

是如此強而有力，即使是觸摸他，也可以讓人痊癒。

　　雖然耶穌並未看見那位血漏的婦人，但耶穌卻感覺到「有能力從自己的身上出去」（五 30a），因此他停下來問說：「誰摸我的衣裳。」（五 30b）因為此時他們身旁有一大群人在擁擠著，門徒覺得耶穌的問題很不恰當，就回他說：「你看眾人擁擠你，還說誰摸我麼。」（五 31）但是耶穌並未因此靜默。他向周圍觀看，發現了那位已經被醫治好的女人，她「將實情全告訴他。」（五 33）在這個特殊事件之前，這個女人從未見過耶穌，她的信仰和「圈內」門徒們的信仰，形成顯著的對比──可見門徒們仍然對耶穌缺乏了解。

　　耶穌和這位血漏婦人的相遇，因而拖延了耶穌的行程，而讓睚魯的女兒過世了。當她死亡的消息傳到時（五 35），耶穌對睚魯說：「不要怕，只要信。」（五 36b）彼得、雅各和約翰陪伴耶穌到了睚魯的家裡，他們的家人和朋友正處於憂傷痛苦之中。耶穌一進到他家就宣布說：「孩子不是死了，是睡著了。」（五 39b）這些哀傷的人，對於耶穌的宣告格外無法容忍，「就嗤笑

耶穌」（五 40a）。但是，耶穌帶著他的三個門徒以及睚
魯和他的太太，進了孩子所在的地方，使睚魯的女兒從
死中復活（五 41～42a）。所有人「就大大地驚奇」（五
42b），但是「耶穌切切的囑咐他們，不要叫人知道這
事。」（五 43）

現在，耶穌已經施行四個超自然神蹟——平靜風
浪、趕出兩千個汙鬼、醫治觸摸他衣裳的婦女、讓小女
孩從死中復活。之後，耶穌回到自己的家鄉（六 1），
他的同鄉仍然不知道他的身分（六 2～3a）。他們不但
沒有張開雙手歡迎他，反而「厭棄他」（六 3b）。耶穌
所行的神蹟沒有讓人更明白他的身分，反而更令人摸不
清楚他的身分。耶穌這個階段的公開傳道以耶穌「也
詫異他們不信」（六 6a）這個評語作為結束。雖然其他
人對耶穌所做的事覺得「希奇」（五 20；也見一 27；
二 12；五 42），但耶穌當時也對於眾人的接待感到「驚
訝」。那些認識他最久的人——那些他的鄉親、親人以
及他的家人——似乎對耶穌最為質疑。他們對耶穌缺乏
信心，嚴重阻礙了耶穌在自己的家鄉使用能力去醫治或
是施行的任何「異能」（六 5），因此耶穌就前往其他地

方（六 6b）。

也許在公開傳道經過兩個階段之後（一 14～三
35；四 1～六 6a），耶穌決定了一件事：他需要更多的
人手。因為這個理由，他差遣十二門徒兩個兩個地出去
（六 7）。門徒分為兩人一組，也許是因為聖經的信仰中
認為「需要兩位證人，才能為事件的真實作證。」（申
十九 15）當門徒們出外執行任務，作者馬可才敘述了
施洗約翰死亡的事件（六 14～29）。馬可記錄施洗約翰
死亡的事，註記了希律知道耶穌的傳道並且相信耶穌是
「我所斬的約翰，他復活了。」（六 16）來引導到「施
洗約翰如何死亡」的事情。

施洗約翰批評希律王娶了希羅底，因希羅底原本
是他兄弟腓力的妻子。後來，希律逮捕施洗約翰，但
是不敢再加害他，因為希律知道約翰「是義人，是聖
人」（六 20），但希羅底卻沒有這些疑懼。正當希律王
生日的那一天，希羅底的女兒出來跳舞，希律王心生
歡喜就准許她可以有一個請求（六 21～23）。她和母親
商量之後，就要求說：「把施洗約翰的頭放在盤子裡給

我！」（六 25b）希律被迫答應。施洗約翰的頭立刻就
被砍下放在盤子裡，帶回給那女兒和母親希羅底（六
27～28）。施洗約翰的門徒就把他的屍首領去，埋葬在
墳墓裡（六 29）。

　　施洗約翰的死亡，預表了耶穌的死亡。馬可福音描
述的施洗約翰是耶穌生命的先驅者（一 2～8，14a）。
現在則描述施洗約翰是耶穌死亡的先驅者。施洗約翰是
無辜的，而且他並沒有犯罪，但羅馬官員卻判他死刑，
因此這位官員下令執行決定時，感受到某種程度的社會
壓力。這些事實並非僅是湊巧，在施洗約翰的事件中，
希律王的行動是「因他所起的誓，又因同席的人」（六
26b）的緣故；在耶穌的事件中，彼拉多「要叫眾人喜
悅」（十五 15a），於是將耶穌釘死在十字架上。

耶穌公開傳道第三個階段：第一個循環（六 30～七 37）
當耶穌的門徒從他們的宣教旅程回去後，就是耶穌公開
傳道的第三個階段，從第六章 30 節開始。因為群眾的
要求讓人筋疲力盡，所以耶穌試著帶門徒們去「曠野地
方」（六 31），好使他們有稍微的歇息和放鬆時間。但

是，他們想要用船隻來遠離群眾的計畫也宣告失敗，因為群眾追隨著他們，甚至比他們還先趕到了那地方（六32～33）。

馬可說，「耶穌出來，見有許多的人，」因此「開口教訓他們許多道理。」（六34）當時天色已晚，門徒們盼望耶穌能叫眾人散開（六36），好讓他們能去買一些東西吃。耶穌告訴門徒說：「你們給他們喫罷。」（六37）雖然門徒忽視耶穌的這項建議，但是耶穌卻拿起五個餅、兩條魚，祝福並「擘開餅，遞給門徒」（六41）。耶穌在這個自然的神蹟中餵飽了「五千」人（六44），而且還可以「把碎餅碎魚，收拾起來，裝滿了十二個籃子。」（六43）

餵飽了大群人後，門徒們上船渡到加利利海的對岸去，耶穌就在那裡禱告（六45～46）。他在凌晨施行另一個自然的神蹟，就是在海面上行走。雖然耶穌「看見門徒，因風不順，搖櫓甚苦。」（六48a）所以耶穌想要「往他們那裡去」（六48b）。當門徒看見耶穌在海面上向他們走來，都非常驚慌。耶穌就決定上船和門徒

一起（六 51a）。這個事件是以「門徒們心裡十分驚奇」
這個評論作為結束，因為門徒還沒有明白分餅這件事的
意義，「心裡還是愚頑。」（六 52）門徒們雖然見證了
兩個驚人的自然神蹟，卻仍然不確定耶穌真正的身分。

接著，馬可福音六章 53～56 節是一小段的摘要，
顯明耶穌受到眾人的歡迎。凡耶穌所到的地方、從各地
方來的眾人，都帶著他們身上的病痛來見耶穌。耶穌衣
裳的繸子有醫治的能力，凡摸著的人就都好了，正如
我們稍早看見那位患血漏的婦人得著醫治（五 25～34）
一樣。群眾持續將耶穌視為一位受人歡迎、能力強大的
神蹟施行者。

在施行完兩個自然的神蹟後，耶穌和一些法利賽人
對「祖先的傳統」（the traditoion of the elders）（現代中
文譯本，七 1～23）起了爭論。「傳統」是那次爭論的
主題，因為在法利賽人的圈子裡，長年下來已發展成所
謂的「口頭的律法」（oral law）。摩西律法在應用時，
並不是非常精確。譬如，要求人們「當記念安息日，守
為聖日。」（出二十 8～11；申五 12～15），它禁止人們

在第七天工作，但是並未定義「甚麼才是工作」。那些稱為文士的法利賽人領袖，爭論哪些是律法當中較好的重點，他們得出來的結論就變成口頭的律法。口頭的律法共有六冊（books），大約在主後兩百年寫成，稱為米示拿（Mishnah）。但是在耶穌的時代，仍然還是口頭的傳統。耶穌仍然批判法利賽人的口頭律法。他與法利賽人辯論有關遵守安息日（二 23～28；三 1～6）的問題，就是挑戰法利賽人的「祖先的傳統」。

這段經文的開始是法利賽人批評耶穌的一些門徒竟「用不潔淨的手吃飯」（現代中文譯本，七 2，5）。其中作者需要用括號（見七 3～4）來解釋猶太潔淨的禮儀，證明了馬可寫這本福音書的對象是給外邦人看的。耶穌回應他們的批判，說道：「你們是離棄上帝的誡命，拘守人的遺傳」（七 8），因為他們當時允許口頭的律法勝過成文的律法。耶穌舉個例子，說明法利賽人如何迴避「當孝敬父母」的律法（出二十 12；可七 10）。和一般人的了解不同，這條誡命的立意是針對「成年人的孩子」（adult children）必須照顧年老的雙親而設。口頭的傳統允許成年人孩子將個人的資源當作各耳板

（Corban，亦即獻給上帝的供物）來使用，因此有些人就把這規定當成是不能再用來照顧家中年老的雙親（七11～12）的藉口。耶穌批評這些法利賽人是「承接遺傳，廢了上帝的道。」（七13）

耶穌就對群眾說有關法利賽人飲食的律法：「從外面進去的，不能污穢人；惟有從裡面出來的，乃能污穢人。」（七15）他跟從前一樣（四34），當耶穌進了屋子，就將這個講法解釋給門徒聽（七17）。但是耶穌首先批評這些門徒，對他們說：「你們也是這樣不明白麼，」（七18a），然後才開始解釋他措詞強烈的（radical）觀念，亦即從人裡面出來的，比那從外面進入的，更能污穢人（七20～23）。

接下來是關於醫治敘利亞的腓尼基（希利尼人，屬敘利非尼基族）婦人的女兒事件（七24～30）。但是這段記載並非只是簡單的醫治而已。首先，耶穌秘密地前往「推羅西頓的境內去」（七24a），就是現在黎巴嫩的南部。即使是這麼遙遠的地區，耶穌仍然「隱藏不住」（七24b）。某位婦女，她的「小女兒被污鬼附着」

（七25），當她知道耶穌到了這個地方後，她就去尋求
他的幫助。這個婦女是耶穌遇見的第一位外邦女子（七
26a），她懇求耶穌「趕出那鬼，離開他的女兒。」（七
26b）。耶穌用推託的話回應她說：「讓兒女們先喫飽，
不好拿兒女的餅丟給狗喫」（七27）。當然，這段話所
稱的「兒女」是指猶太人，而「狗」指的是外邦女子。
但是，耶穌的回應並未激怒這位婦女，相反的，她回答
說，主啊，這話是沒錯，「但是狗在桌子底下，也喫孩
子們，的碎渣兒。」（七28）換句話說，一旦猶太人吃
飽了，外邦人也可以吃他們留下的碎渣兒。耶穌稱讚這
位婦人的回答，而這位婦人的獎賞則是污鬼已經離開她
的女兒了（七29〜30）。雖然這是一個醫治的故事，但
這段經文的焦點是在耶穌和腓尼基婦人有關「兒女們的
餅」（七27）的討論。

　　耶穌公開傳道第三階段的第一個循環（六30〜七
37）施行的最後一個神蹟（六30〜七37）是治好耳聾
舌結的人（七30〜37）。耶穌「用指頭探他的耳朵，
吐唾沫抹他的舌頭」（七33）。接著耶穌望天歎息，對
他說話，「他的耳朵就開了，舌結也解了，說話也清楚

了。」（七 35）耶穌再三囑咐那人及其他見證此次醫治神蹟的人們，不要告訴任何人（七 36a），但是這節經文卻指出了群眾對耶穌的命令常常會有的反應。馬可告訴我們：「但他越發囑咐，他們越發傳揚開了。」（七 36b）作者馬可接著告訴讀者，那些旁觀者「分外希奇」，然後馬可用一節經文總結耶穌直到當時的工作：「他所作的事都好，他連聾子也叫他們聽見，啞巴也叫他們說話。」（七 37）

先知耶穌

＞研讀馬可福音八 1～十 52

耶穌公開傳道的第三個階段：第二個循環（八 1～26）

馬可福音在八章 1～9 節耶穌餵飽四千人的記載，和六章 30～44 節餵飽五千人的記載非常類似。八章 1～26 節的其他要素也和前面六章 30 節～七章 37 節的記載有類似之處。這些相似之處可以用以下的圖表來說明：

第一個循環 （六 30～七 37）	第二個循環 （八 1～26）
餵飽五千人 （六 30～44）	餵飽四千人 （八 1～9）
在海面行走 （六 45～52）	在海面行走 （八 10）
與法利賽人的爭論 （七 1～23）	與法利賽人的爭論 （八 11～13）
兒女的「餅」 （七 24～30）	法利賽人的酵 （八 14～21）
治好耳聾舌結的人 （七 31～37）	治好瞎眼的人 （八 22～26）

因此，馬可福音六章 30 節～八章 26 節是由兩個相對應事件的循環所組成。也許剛開始的時候，治好瞎眼的人（八章 22～26 節）和治好耳聾舌結的人（七章 31～37）的對應關係並不十分明顯。但是，這兩個醫治事件都是在私下的場合進行的（七 33a，八 23a）、都和耶穌運用唾液（七 33b；八 23b）以及按手有關（七 32b，33b；八 22b，23b，25a）。耶穌要求被他醫治的人要保守秘密（七 36；八 26），兩個事件都代表「雙

重的醫治」（bouble healings）。前者和「兩個小病痛」
（two ailments）的醫治有關，後者則和醫治的「兩個嘗
試」（two attempts）有關。

即便在伯賽大治好瞎眼的人（八 22～26）和治好
耳聾舌結的人（七 31～37），兩者之間存有非常清楚的
類似處，但是，我們不能低估治好瞎子的獨特性。舉例
而言，這是馬可福音當中描述的一項醫治，在馬太福音
或是路加福音當中卻沒有被記錄。那些較後來的福音書
並未寫到這段記載的原因，也許是因為耶穌第一次的
嘗試並未完全成功（八 24）。也許後來福音書的作者認
為，這個起初的失敗和他們各自對於耶穌的描述並不一
致。

馬可福音包含了這兩次醫治事件，是十分驚人的舉
動。因為馬可福音裡描繪耶穌是一位強而有力施行奇事
的人，他不費吹噓之力，毫無錯誤地施行十次的醫治和
四個自然的神蹟；耶穌已經醫治幾位身體有缺陷的人：
癱瘓病人（二 1～12），手枯乾的病人（三 1～6）以及
耳聾舌結的人（七 31～37）。再者，耶穌已經在他各種

趕鬼行動中展現他勝過屬靈勢力的權能：一位污鬼附著的人（一 21～28），其他被惡魔和污鬼附身的人（一 34，39；三 11～12），格拉森被鬼附的人（五 1～20），以及敘利亞的腓尼基婦女的女兒（七 24～30）。他也在幾個自然的神蹟當中展現他勝過自然的能力：平靜風和海（四 35～41），餵飽五千人（六 30～44），在海面上行走（六 47～52），餵飽四千人（八 1～9）。因此，即便在馬可福音的處境當中，雙重醫治才把這一位瞎眼的人治癒，違反了讀者對於耶穌的期待。

但是，雙重醫治這位瞎眼的人，是馬可福音前半部「最後一個」神蹟，以及對於瞎眼的人「第一個」神蹟的醫治。當然，某件事促使馬可將這個神蹟放在這卷福音書中這個重要的位置。雙重醫治這位瞎眼的人，也許在馬可福音的處境之下並不尋常，實際上卻和馬可福音的前半部這個成對的強調非常配合。畢竟，馬可描述耶穌傳道的兩個階段（一 14～三 35 和四 35～六 6b），這兩段經文強調耶穌回去自己的家中，接著是兩個平行事件的循環（六 30～七 37 和八 1～26），而第二個循環的結尾，就是雙重醫治這位瞎眼的人。因此，也許雙重

醫治這位瞎眼的人，在現今的處境當中，有更多象徵的
意義。也許這個事件顯明，一次的醫治尚且不足。每一
位被耶穌觸摸一次的人，並非就能看得清楚。如同瞎眼
的人得到醫治的提醒，需要第二次的觸摸，才能得著清
楚的視力。若是如此，這個事件和它之前的事件密切相
關。但是我們會看見，這雙重的醫治也和接下來彼得的
告白（八 27～30）有所關聯。

馬可福音前半部的結束（八 27～30）

耶穌在前往該撒利亞腓立比的路上對門徒的質問（八
27～30）是這本福音書前半部的摘要。在這段經文當
中，耶穌要求門徒以他到當時為止的言行來回答他問的
問題：「人說我是誰。」（八 27）門徒回答說：「有人
說，是施洗的約翰。有人說，是以利亞。又有人說，是
先知裡的一位。」（八 28）反映前面馬可福音編輯的意
見，就是希律嘗試想要釐清耶穌的身分（六 14～15）。
馬可福音的前半部呈現了言行皆強而有力的耶穌，而這
些想要認出並且解釋耶穌身分的嘗試，也顯明在「耶穌
心中圈子」以外的人，沒有人能真正認識耶穌的身分。

　　當耶穌詢問門徒：「人說我是誰。」彼得回答說：「你是基督。」（八29）雖然希伯來文的「彌賽亞」（Messiah）和希臘文的「基督」（Christos）相同，八章29節的「基督」這字作為這節關鍵的經文，和馬可福音一章1節有非常重要的關聯。彼得在八章29節告白耶穌是「基督」（the Christ），是馬可福音自從一章1節開始首次出現的關鍵字。

　　彼得的回答，代表了門徒有明顯的轉變，因此「基督」這個字代表了很重要的轉捩點。他們暗中參與耶穌秘密的教導（四11～12，34；七17～23），並且已經見證耶穌大多數最神蹟的行為，但是直到當時，門徒們仍然缺乏對耶穌的認識。耶穌平靜風和海之後，門徒問：「這到底是誰」（四41），耶穌在海上行走之後，馬可福音記載門徒們「不明白那分餅的事，心裡還是愚頑。」（六52）耶穌餵飽四千人之後，責備門徒說：「你們還不省悟，還不明白麼。你們的心還是愚頑麼。」（八17）隨著彼得的告白，門徒們看起來已經開始領悟。我們知道彼得的告白是正確的，因為耶穌「就禁戒他們，不要告訴人。」（八30）這段經文持續著「彌賽亞奧秘」

的主題，但是馬可福音八章 30 節代表了耶穌第一次命令他所有的門徒保持安靜。

馬可福音的前半部描寫耶穌是位強而有力的基督，並以彼得的告白作為結束。雖然耶穌神蹟的行為和有能力的話語已經使他備受眾人的歡迎，但他尚未對於那些跟隨他的群眾顯明他真正的身分。但是，耶穌的門徒現在已經認識耶穌的身分了嗎？還是他們仍然尚未認識？在接下來的記載當中，將會回答這個問題。

耶穌第一次受難的預言和接下來的事（八 31～九 29）

馬可福音後半部（八 31～十五 47）描寫的耶穌，和前半部描寫的有所不同。耶穌人生的最後一週在這個部分占了很大的篇幅，並且導致、包含耶穌在耶路撒冷的死亡。但是，十一章 1 節說到耶穌到達耶路撒冷之前，馬可就為了讀者而預備了將來耶穌要遭遇的事（八 31～十 52）。因此，馬可福音的後半部從八章 31 節當耶穌預言自己的死亡為起頭，因為耶穌教訓他們說：「人子必須受許多的苦，被長老祭司長和文士棄絕，並且被殺，過三天復活。」（八 31）讀者的注意力現在轉向福

音書的結尾。這節經文讓我們預先看見耶穌在耶路撒冷的遭遇，也是經文首次明白地提及耶穌的受苦和死亡。法利賽人和希律黨人商議除滅耶穌（三 6），以及主耶穌的先驅者施洗約翰死亡的記載（六 17〜29）是耶穌受苦的預兆。但是，八章 31 節中，耶穌宣布會確實發生在他身上的事，因為耶穌的死亡和隨後的事件被稱為「受難」（the passion），八章 31 節就是耶穌「第一次受難的預言」。

當耶穌「明明的」提及有關他即將到來的死亡，彼得就勸阻他（現代中文譯本，八 32）。從表面來看，彼得勸阻耶穌這件事，就像一位親近的朋友表達的關懷之意。但是，耶穌用以下這些話強烈地責備彼得說：「撒但，退我後邊去罷。因為你不體貼上帝的意思，只體貼人的意思。」（八 33）顯示我們並不能光看這項爭論的表象。實際上，彼得和耶穌的爭論是因為他們對於「彌賽亞的觀點」有衝突所致。

在公元第一世紀，猶太人對彌賽亞的觀點是基於撒母耳記下第七章的大衛之約。雖然上帝拒絕大衛想為祂

建立「房子」（＝聖殿；撒下七 5）的親切請求，但是上帝卻應許為大衛建立「房子」（＝朝代；撒下七 11）。接著，上帝應許大衛的國位「也必堅定，直到永遠」（撒下七 16）。這是公元前十世紀的應許。

但是在公元前六世紀的初期——確切地說，公元前五八七年——猶太王西底家背叛巴比倫（王下二十五 1a）、巴比倫王尼布甲尼撒和他的軍隊圍困耶路撒冷（王下二十五 1～3），雖然西底家嘗試逃跑，尼布甲尼撒王的軍隊卻將他抓住，並且將他和他所有的兒子帶到巴比倫王面前（王下二十五 4～6）。在簡短的審判之後，作者如此說：「在西底家眼前殺了他的眾子，並且剜了西底家的眼睛，用銅鍊鎖著他，帶到巴比倫去。」（王下二十五 7）西底家最後死在流亡的巴比倫國。事實上，這事件終止了大衛的王朝。

依據公元前五八七年耶路撒冷的陷落和大衛王朝的滅亡，上帝「永遠」建立大衛國位的應許必須要重新解釋。在接下來的數個世紀，大衛之約的應許不能看為大衛王朝國王不間斷的繼承。到了耶穌的時代，猶太人

反而認為撒母耳記下第七章應許的意義，是上帝在末後的日子將會興起一位「永遠」掌權的國王。因為這位國王——上帝「膏抹的那位」或是「彌賽亞」將不會死亡，並且會掌權直到這個時代的末了。因此公元第一世紀猶太人的想法是認為死亡無法讓一個人成為彌賽亞。迦瑪列在使徒行傳五章 36～37 節提到，假冒彌賽亞的人，宣稱自己是重要人物，但是當他們死去的時候，就知道他們並非如此。因此，當彼得告白耶穌是彌賽亞、以及耶穌提及祂自己的死亡時，彼得就勸阻他。

耶穌責備彼得，顯示出即使門徒正確地認識耶穌是基督，但是他們依然誤解彌賽亞的本質。他們無法理解彌賽亞必須受苦和死亡。也許這個事實解釋了為什麼要將雙重醫治瞎眼的人（八 22～26）的經文放在彼得告白經文之前（八 29）的原因。因為彼得的告白，使得彼得和其他門徒開始明白耶穌真正的身分。但是門徒們的情況，如同耶穌第一次觸摸這位瞎眼的人之後的情況——他們雖然能夠看見，但是只有模糊的視力。就像這位瞎眼的人，彼得和其他的門徒需要「第二次觸摸」，才能看得清清楚楚。

　　耶穌責備彼得之後（八 33），他開始教導他們有關
門徒的代價。真正的門徒「就當捨己，背起他的十字架
來跟從我。」（八 34b）只有那些「為我和福音喪掉生
命的，必救了生命。」（八 35b）在這些經文中，作者
已經建立編輯這本書卷的重要模式，包含一個受難的預
言（八 31），接著是顯明門徒誤解耶穌預言的事件（八
32～33），然後是有關門徒身分的教導（八 34～九 1），
將「耶穌對門徒身分的教導」和前面「耶穌的身分和
命運」的處理放在一起（八 27～31），顯示「基督的身
分」以及「成為門徒的意義」其兩者之間有非常緊密的
關係。我們必須知道耶穌是誰和他未來的方向，因為耶
穌命令他的門徒說：「跟從我。」（八 34b）耶穌重新定
義彌賽亞的身分，必須包含受苦；他重新定義門徒的身
分，也必須包含受苦。跟從耶穌，就是跟從他接受苦難
（見十 29～30）。

　　馬可強調受苦是門徒身分的要素，也許是因為馬可
讀者群的需要——這個信仰群體是一個外邦人的基督徒
團體，因此馬可才需要將猶太禮儀的習慣解釋給外邦人
的基督徒聽（見七 3～4）。馬可福音對受苦和迫害的強

調，暗示這些外邦人基督徒的讀者，也許已為了他們的
信仰「已經受苦」或是「正在受苦」了。馬可解釋，受
苦也許是現在的事實，但是並不會永遠持續受苦。人子
將會在未來不特定的時候，「在他父的榮耀裡，同聖天
使降臨」（八38）。在「上帝的國大有能力」臨到之前，
不是每個人都會「嘗死味」（九1）。

接著的敘述，是「過了六天」在「高山」上（九2）
發生耶穌變貌的故事。這個超現實的事件開始於耶穌的
「衣服放光，極其潔白，地上漂布的，沒有一個能漂得
那樣白。」（九3）當摩西和以利亞顯現，並且和耶穌
說話（九4）時，故事的張力增加。後來當上帝的聲音
出現，說出：「這是我的愛子，你們要聽他。」（九7b）
是故事的最高潮。這個事件顯示：賞賜律法者摩西代表
的律法，以及先知以利亞代表的先知們都為耶穌作見
證。但是在這裡，上帝的聲音也見證耶穌。雖然上帝在
山上給耶穌變貌的話語，使人聯想到祂在耶穌受洗時所
說的話（一11），但是現在聽的對象已經改變——「這
是我的愛子」以及「你們要聽他」的命令是對那些門徒
們說的。要聽耶穌有關的甚麼事？在耶穌變貌的重點，

上帝必然是指耶穌受難的預言（八 31）以及他對門徒
身分的教導（八 34～九 1）。因此，耶穌變貌的敘事對
於耶穌的預言及教導來說，提供了額外權威性的支持。

　　在耶穌變貌的同時，當時和他在一起的彼得、雅各
及約翰，很顯然地應該已知道耶穌真正的身分。但是，
他們真的知道嗎？當他們四人下山的時候，耶穌命令
他們：「人子還沒有從死裡復活，你們不要將所看見的
告訴人。」（九 9）但是，彼得、雅各及約翰「彼此議
論從死裏復活是甚麼意思。」（九 10）他們提到有關以
利亞來臨的問題（九 11），促使耶穌發表意見說：「人
子……要受許多的苦、被人輕慢」（九 12b）。在這段轉
換（transition）的經文中，耶穌對於有關先驅者施洗約
翰的評論，亦即「以利亞已經來了，他們也任意待他」
（九 13），加強了我們對於另一個提到耶穌即將來臨的
死亡和復活的認識。但是，我們在這些經文當中，看見
門徒尚未完全明白耶穌是誰和祂未來會有什麼事等著
他。接下來的發展則是在山下的其他門徒無法治好被污
鬼附身的孩子（九 14～29），也顯示出這些門徒也缺乏
信心。

耶穌第二次、第三次受難的預言（九 30～十 52）

當他們旅行經過加利利時，耶穌再次向門徒們提到他即將面對的死亡和復活，「人子將要被交在人手裡，他們要殺害他。被殺以後，過三天他要復活。」（九 31）但門徒們完全不理會耶穌這「第二次受難的預言」，因為他們「不明白這話，又不敢問他。」（九 32）門徒們爭論誰最偉大，顯示他們誤解耶穌和他所說的話（九 33～34）——雖然耶穌提到，在不久的將來，他會如何受苦和死亡，門徒們卻還在爭論誰是最偉大的門徒。因此當耶穌知道他們的討論後，就趁機再次地提及門徒的身分——若有人要為首，「他必作眾人末後的，作眾人的用人。」（九 35）

耶穌離開加利利往南行，來到猶太地（十 1）。他最後的終點是耶路撒冷，他會在那裡過逾越節（Passover）——猶太禮儀年曆中三大朝聖的節慶之一。當他們接近耶路撒冷，他「叫過十二個門徒來，」（十 32）為了要告訴他們自己將要遭遇的事。耶穌說的「第三次受難和復活的預言」，是時間最長又最明顯的預言：「看哪，我們上耶路撒冷去，人子將要被交給祭司長和文士，他們要定他死罪，交給外邦人。他們要戲弄

他，吐唾沫在他臉上，鞭打他，殺害他。過了三天，他要復活。」（十 33～34）

　　因此，這就是耶穌來到耶路撒冷之後，將要發生在他身上的確切概要。耶穌無法說得更加明確了。但是接下來雅各和約翰的要求（十 35～37）顯示門徒仍然對耶穌彌賽亞身分的本質有所誤解。他們認為當耶穌進入耶路撒冷，將會成為戴著皇冠的國王。雅各和約翰要求耶穌讓他們成為他主要的左右手（十 37）。耶穌說：「你們不知道所求的是甚麼。」（十 38a）顯明耶穌對門徒們的無知表示懷疑。雅各和約翰的要求是門徒第三個誤解的例子，提供耶穌第三次的機會去教導門徒有關他的身分。耶穌說，最偉大的門徒是那位「你們的用人」以及「眾人的僕人」（十 43b，44b）。耶穌以這段關於門徒教導的陳述──「因為人子來，並不是要受人的服事，乃是要服事人，並且要捨命作多人的贖價。」（十 45）來說明他的使命和死亡的重要性。

　　當耶穌路過耶利哥，走向耶路撒冷時，他遇見並且醫治巴底買這位瞎子（十 46～52）是馬可在這部分

的結束。巴底買雖然瞎眼，卻能認出耶穌是「大衛的子孫」（十 47b；48b）。耶穌回應巴底買的醫治請求，他恢復視力之後立刻跟隨耶穌（十 51～52）。

馬可福音當中，耶穌最後的一個醫治是治好一位瞎眼的人，這並非湊巧之事。但是，耶穌在這裡並不像八章 22～26 節的雙重醫治，他一次就醫好這位瞎眼的人。再者，值得注意的是這兩段醫治瞎子的記載，說出包含耶穌三次受苦的預言（八 31；九 31；十 33～34）段落。在這兩位瞎眼者得著醫治的記載（八 22～26；十 46～52）之間，顯示了耶穌的身分，而且以明顯的細節來描述耶穌在耶路撒冷將會遭遇的事，同時這個段落也描述那些和耶穌最親近的人，仍然誤解他的身分和他未來的遭遇。瞎眼的巴底買比起故事當中那些「有視力」（sighted）的人更清楚「看見」（see）耶穌的身分。巴底買這個瞎眼的人，展現出對耶穌的信心——而在其他多數人的身上，這種信心卻相當欠缺。因此當巴底買恢復視力後，他跟隨耶穌。但是，這個觀察引申出來的意思是，那些無法清楚「看見」耶穌的人將無法跟隨主耶穌，走上十字架的道路。

耶穌公開傳道的結束

> 研讀馬可福音十一 1～十四 72

馬可福音後半部描述的是耶穌的最後生平。當耶穌的生平將要結束時，馬可福音處理得更加詳細。實際上，馬可福音的三分之一篇幅（十一～十五章）都用來描述耶穌在耶路撒冷附近的最後一週。但是，即使在耶穌進入耶路撒冷之前，讀者也知道要在那裡等他。耶穌在三個場合（八 31；九 31；十 33～34）曾三次預告他將受苦、死亡和復活，所以對仔細的讀者而言，對於耶穌在耶路撒冷的遭遇應該不會陌生。

耶穌最後一週的開始（十一 1～26）

最後一週的開始，耶穌以高調的方式凱旋進入耶路撒冷（十一 7～11）。這事件的前面，馬可記載了耶穌如何得到一頭驢子，讓他可以騎進耶路撒冷（十一章 1～6 節）的經過。耶穌詳細吩咐兩位門徒去對面村子，找到「一匹驢駒拴在那裡，是從來沒有人騎過的。」（十一 2b）他甚至告訴門徒，當他們被人挑戰時，應該如何回應（十一 3b）。門徒們發現「事情都照著耶穌所預言的發生」的這項事實（十一 4～6），顯明當耶穌進入耶路撒冷，擁有先知敏銳的能力——在前幾章的預言，耶穌說的也都將實現。

雖然馬可並未明確地引述下面這段撒迦利亞書的經文，但是馬可福音裡這段耶穌進入耶路撒冷的記載，卻是因為撒迦利亞書的九章 9 節寫到：「錫安的民哪，應當大大喜樂，耶路撒冷的民哪，應當歡呼。看哪，你的王來到你這裡，他是公義的，並且施行拯救，謙謙和和的騎著驢，就是騎著驢的駒子。」當耶穌進入耶路撒冷城，受到眾人熱烈的歡迎，「有許多人，把衣服鋪在路上，也有人把田間的樹枝砍下來，鋪在路上。」

（可十一 8）然後那天跟隨他的人，大聲喊叫說：「和散那，奉主名來的。是應當稱頌的。那將要來的我祖大衛之國，是應當稱頌的。高高在上，和散那。」（可十一 9b～10）。也許耶穌的同伴期待他當天就會被加冕成為國王，但是，耶穌進入耶路撒冷之後，進入聖殿並且環視周圍，然後和他的門徒前往距離不遠的伯大尼（十一11）。

　　隔天往耶路撒冷的路上，耶穌施行了在馬可福音記載的最後一個神蹟。當他路過且看見一棵無花果樹，卻找不到任何無花果，耶穌就咒詛那棵樹（十一 12～14）。咒詛的神蹟是聖經的傳統（見王下二 23～25），但這是馬可福音當中的第一個、也是耶穌所行咒詛的唯一神蹟。這個事件讓我們更加好奇的是，那時候「不是收無花果的時候」（十一 13），但為甚麼耶穌在「不是收無花果的時候」咒詛一棵無花果樹？馬可為甚麼會收錄這個事件？如同失明的人經歷兩次的醫治（八 22～26），馬可福音當中特殊的經文經常需要其他類似經文的解釋。

耶穌繼續引用兩段經文來教訓那些旁觀者,「我的殿必稱為萬國禱告的殿」(十一 17a),這是從以賽亞書五十六章 7 節所引用的。耶穌在這裡控訴聖殿並未活出它原本存在應有的目的——這聖殿既非「禱告的殿」,也不是為了「萬國」(nations)而存在。在這節經文當中,翻譯成「萬國」的這個字,和新約聖經其他地方譯成「外邦人」(Gentiles)的字相同,但聖殿的內院實際上卻嚴格禁止外邦人進入。事實是,考古學家發現希律聖殿上面的碑文刻著「禁止另一個國家的國民(亦即外邦人)進入聖殿圍牆內的用地,若是有人進入而被抓,將要自負死亡的責任」[1] 的字眼。

耶穌在馬可福音十一章 17 節後段引述的第二段經文,取自先知耶利米聖殿的講道:「但是你們已經將『聖殿』變成賊窩」(耶七 11)。在耶利米書中,「賊窩」(den of robbers)並非指發生搶劫的地方,而是指強盜犯罪之後能夠安全躲藏之處。同樣地,耶穌控訴聖殿已

---

1 *The New Testament Background: Selected Documents*, ed. C. K. Barrett (New York: Harper & Row, 1956), 50.

經變成以色列人安全躲藏之處。聖殿給予以色列人安全感，因為只要聖殿屹立，上帝就會在他們當中臨在，他們就能經常隱退到聖殿裡面，接受上帝的赦免。

　　當耶穌潔淨聖殿，他便與許多有權勢的人為敵了。那些掌控耶路撒冷聖殿的人，也是猶太公會的多數。這些被稱為「祭司長和文士」的猶太人領袖是撒都該人。雖然在公元第一世紀巴勒斯坦的猶太教當中，這些撒都該人只是非常小的派別，但是他們卻在社會當中擁有極大的影響力。為了保持社會當中的領導地位，他們必須與羅馬人密切合作；為了盡量不要讓羅馬人插手，撒都該人讓所有的事物有次序且在掌控當中，好符合他們的利益。但是當祭司長和文士看見耶穌在聖殿所做的事，「就想法子要除滅耶穌，卻又怕他，因為眾人都希奇他的教訓。」（十一‧18）馬可福音當中潔淨聖殿的事件和馬太福音和路加福音相同，它是耶穌走向結局的開始。

　　第三天往耶路撒冷的路上，門徒「看見無花果樹（耶穌前一天咒詛的）連根都枯乾了。」（十一20）馬可福音當中，耶穌所行的最後一個神蹟並未產生「立

刻」的結果。無花果樹雖然枯乾而死，但是並非耶穌一
說出咒詛就產生後果（十一 14）。這個事件在福音書中
的位置非常重要，因為耶穌咒詛這棵無花果樹，提供了
耶穌潔淨聖殿的架構，而且成為解釋聖殿事件的架構。
如同耶穌因為無花果樹未結果子而咒詛它，耶穌也咒詛
聖殿沒有活出它應有的目的。再者，如同耶穌咒詛無花
果樹並未導致它「立即的毀滅」，因此耶穌咒詛聖殿也
並未帶來「立即的結果」。耶穌死後四十年，亦即主後
七十年，羅馬人攻陷耶路撒冷的時候，聖殿才被摧毀。

耶穌接下來的教導也顯明了聖殿並未活出它存在
的意義——因不再需要前往聖殿去祈禱才可以完成禮
儀——信仰最重要的是，我們在任何時間及地點都可以
祈禱（十一 22～24）；再者，若要人的罪得到赦免，不
再需要前往耶路撒冷的聖殿去獻祭。因為耶穌說，現
在，若向「你們在天上的父」禱告，就是饒恕其他人的
必須之道（十一 25）。

與宗教領袖衝突的加劇（十一 27～十二 44）

耶穌第三次在耶路撒冷聖殿的出現，加深了宗教領袖對

他的敵視。當耶穌在聖殿裡的時候，祭司長和文士並長老挑戰他的權柄來源（十一 27～28）。耶穌拒絕回答他們的質問，除非他們先回答「有關施洗約翰的權柄」的問題（十一 29～30）。他們知道自己被這個問題困住，就拒絕回答耶穌的這個問題（十一 31～33b）。耶穌拒絕回答他們的問題，因此沒有在這些宗教領袖當中贏得任何的朋友。

耶穌講述兇惡園戶的比喻，對這些宗教領袖刺得更深。他說，有一位葡萄園主將他的葡萄園租給一些無法讓人信任的園戶（十二 1），然後就離開了。當園主連續差派幾位僕人要從園戶手上收取屬於他的收成時，園戶卻凌辱那些僕人（十二 2～5），最後，園主差派「他的愛子」（十二 6）去收取果子，且認為園戶們必定會尊敬他的愛子。結果，那些園戶卻捉住了園主的愛子，殺害他，並把他丟到園外（十二 8）。耶穌說，葡萄園主的報復就是「要來除滅那些園戶，將葡萄園轉給別人。」（十二 9b）

在這個顯而易見的比喻當中，葡萄園是以色列人，

園主則是上帝。受託來看管葡萄園的園戶則是那些以
色列的宗教領袖。那些宗教領袖惡待上帝的僕人、先
知們，甚至還殺害上帝的「愛子」耶穌（見一 11；九
7b）。但是耶穌的死造成那些園戶們遭遇了可怕的後
果——葡萄園主人「要來除滅那些園戶，將葡萄園轉給
別人」（十二 9b）。按照馬可福音十二章 10～12 節引述
的詩篇一一八篇 22～23 節，所謂匠人所棄的石頭，將
被證明其正當性，並且成為房角的頭塊石頭。這些「是
主所作的。」（詩一一八 23；可十二 11）

這些宗教權威人士看出耶穌的「這比喻是指著他們
說的，」（可十二 12a）使得他們更生氣。諷刺的是，
這個「預告耶穌死亡及宗教權威人士與這死亡相牽連」
的比喻，竟然激發了這些宗教領袖想要殺害耶穌的想
法！但是主後七○年代（譯註：耶路撒冷在主後七○年
被羅馬軍隊攻陷）的馬可福音的讀者，看出作者在這裡
將耶穌的死亡與耶路撒冷的陷落互相連結——那時撒都
該人被消滅，羅馬則完全掌控了以色列。

當宗教領袖想要用他們的問題來陷害耶穌時，耶

穌和宗教領袖之間的仇恨也隨之加深（十二 13～15a，
18～23），但是耶穌讓他的敵人安靜，因為他們無法回
答他具有洞見的答案（十二 15a～17，24～27）。一位
文士詢問耶穌有關「最大誡命」的問題，耶穌正確回
覆他以後，馬可描述「沒有人敢再問他甚麼。」（十二
28～34）耶穌問這些宗教權威人士一個問題，他們卻無
法回答。雖然「眾人都喜歡聽他」（十二 37b），但宗教
權威人士卻不覺得有趣——可是耶穌並未就這樣停止，
他斥責那些社會上具有影響力的人物，也就是文士及富
人（十二章 38～44 節）。

共觀福音的末日（十三 1～37）

馬可福音自八章 31 節開始，耶穌施行神蹟的能力逐漸
減少，但是他已經展現先知的能力。耶穌大多數的預言
和即將到來將要發生在他身上的事件相關連。但是，他
對於時間的末了，僅有簡要的述說，「人子在他父的榮
耀裡，同聖天使降臨的時候」（八 38），馬可福音第十
三章多數的記載，是耶穌對於末日來臨之前的教導。

　　雖然耶穌潔淨聖殿（十一 15～17）以及咒詛無花

果（十一 12～14，20～21）這些事已經暗示聖殿將被
毀——但耶穌在此公開提及了聖殿未來的毀壞（十三
2）。當彼得、雅各、約翰和安得烈暗暗地問耶穌有關
時間的末了，耶穌描述假先知將會興起，其他的災難也
會發生，但是要謹慎「這些事的發生正像產婦陣痛的
開始一樣」（十三 3～8），他把會發生的迫害和其他的
徵兆列舉出來，然後警告他的門徒，要謹慎。「看哪，
凡事我都豫先告訴你們了。」（十三 9～23）接著，「那
災難以後，」隨著無法錯認的記號和驚奇，終末的人子
將會來臨（十三 24～26）。他會「差遣天使，把他的選
民，從四方，從地極直到天邊，都招聚了來。」（十三
27）如同無花果樹一樣，我們能夠知道「人子近了」（十
三 29），但是「那日子，那時辰，沒有人知道，連天
上的使者也不知道，子也不知道，惟有父知道。」（十
三 32）。因為末日已經近了（十三 30），但是沒人知道
哪個時候。因此這一章的信息是「你們要謹慎」（十三
33）和「要儆醒」（十三 35，37）。

馬可福音兩個主題的高峰（十四 1～72）

馬可福音的十四章，兩個關鍵的主題達到高峰。在馬可

福音八章 29 節彼得的告白「之前」，即使門徒知道耶穌
私下的教導（四 11～12，34），而且見證其他人未曾眼
見最奇妙的神蹟（四 35～43，五 35～43，六 45～52，
七 31～37，八 22～26），甚至他們對於耶穌的身分仍然
欠缺了解（四 41；六 51～52；八 17～18，21）。彼得
在馬可福音八章 29 節的告白「之後」，我們從彼得斥責
耶穌（八 32b），爭論誰最偉大（九 33～34）以及雅各
和約翰的請求（十 35～40），就可以得知門徒從「欠缺」
對耶穌身分的了解，變成「誤解」耶穌的身分和他必須
受苦的事實。

門徒在馬可福音第十四章的誤解，有個悲慘的轉
折。這個轉折並非意外。耶穌教導門徒（八 34～九 1，
九 35～37，十 42～45）將「真正的門徒」的身分與「耶
穌」的身分和命運互相連結起來。我們若是想要跟隨某
個人，必須知道他往何處去。門徒誤解了耶穌的身分和
命運，是他們「無法從頭到尾」跟隨耶穌的預兆。

耶穌在最後的晚餐預言，有位門徒將要背叛他（十
四 18，20）就是失敗的開始。接著，耶穌在橄欖山上

預言，他所有的門徒都會離棄他（十四 27），而且彼得也將不認他（十四 30）。到了第十四章的結尾，這三個預言將會被實現。猶大在客西馬尼園裡背叛耶穌（十四 43～45），而且門徒離棄他（十四 50），那個晚上的後續發展是彼得三次不認他（十四 66～72）。彼得崩潰痛哭之後（十四 72b），所有的門徒也從此消失無蹤。當耶穌被釘在十字架、或是被人埋葬的時候，門徒們全都不在場。當七日的第一日，他們不在耶穌墳墓的現場，因此他們也不是「第一批知道耶穌已經從死裡復活的人」。

耶穌和宗教權威人士彼此衝突，也在馬可福音的十四章達到高峰。一開始，祭司長和文士就密謀陷害耶穌（十四 1～2）。他們「想法子怎麼用詭計捉拿耶穌殺他」，因此當猶大「去見祭司長，要把耶穌交給他們。他們聽見就歡喜」（十四 10b～11a）。

猶大找到一個機會，和「許多人……祭司長和文士並長老」，在客西馬尼園逮捕耶穌（十四 43～50）。耶穌被捕之後，被帶至全公會（the whole council）的面前

（十四 55）。「全公會」是由「祭司長和長老並文士」所組成的（十四 53；亦見十五 1），正是和耶穌關係最疏離的那群猶太人（十一 18，27；十二 12）。耶穌的審判（十四 55～65）將耶穌和宗教權威人士之間的對立帶到最高峰。耶穌在這些盡力想要除滅他的這群人（十四 1）面前接受審判，我們當然無法期待他會得到公平的判決。審判一開始，法庭就已經判決耶穌有罪（十四 55～56a），因此他們當時唯一的挑戰就是「要發現可讓耶穌困住」的罪狀！

許多人作假見證控告耶穌，但是他們的見證各不相合（十四 56～59）。當耶穌拒絕回答任何假作證的問題時，大祭司脫口說：「你是那當稱頌者的兒子基督（Messiah）不是？」（十四 60～61）。在 NRSV 英文譯本當中，十四章 61 節中的彌賽亞這個字，翻成希臘文的 christos，這種情形和八章 29 節一樣。如同之前所說，在馬可福音裡面，「基督」的用語十分罕見。只在前言（一 1）、彼得口中（八 29）和其他少數的地方出現（九 41；十二 35；十三 21；十五 32）。另一方面，「上帝之子」（Son of God）的稱號則在前言（一 1）、

耶穌接受洗禮（一 11），耶穌變貌（九 7）以及污鬼大喊（三 11；五 7）時出現過。馬可福音一章 1 節之後，大祭司在十四章 61 節後段的質問，是第一次將「基督」的稱號和「上帝之子」的名稱合在一起。

注意大祭司在十四章 61 節後段的質問，他並未運用「上帝」這個字，因為猶太人不能說出上帝的名字。這個不能說出的名字是上帝個人的名字，是出埃及記第三章當中，上帝在燃燒的荊棘向摩西啟示的名字。這個名字由四個子音 YHWH 組成，眾人認為是從希伯來文動詞「成為」（to be）而來。因為這個理由，上帝在出埃及記第三章啟示的這個名字，現代的聖經譯本常譯為「我是」（I AM）。希伯來文的希臘文聖經譯本將出埃及記三章 14 節中的「我是」翻譯成 ego eimi。為了避免觸犯「妄稱耶和華──你上帝（希伯來文 YHWH）的名」的誡命（出二十 7），猶太人完全避免使用上帝個人的名字，如同大祭司質問耶穌一些問題時的情形。因為說出上帝個人的名字，被人認為是在褻瀆上帝。

其實耶穌在十四章 62 節回應大祭司的質問，只需

要回答簡單的「我是（希臘文 emi）」就已經足夠，但是他回應說：「我是（希臘文 ego eimi）。」他為了表明他真正的身分，做了一件別人認為褻瀆上帝的行為，說出一般人不能說出上帝個人的名字的事。因為耶穌確認了他真正的身分，使得彌賽亞的奧秘得以揭示。但是，當耶穌啟示他真正的身分的時候，卻被人宣判處死。大祭司撕開衣服，說：「你們已經聽見他（耶穌）這僭妄的話了」，公會也都聽見耶穌所說的話，因此，馬可如此記載著：「他們都定他該死的罪。」（十四 64）

彼得否認耶穌的情節（十四 54，66～72）圍繞著耶穌接受審判的故事（十四 53，55～65），但是眾人認為彼得在大祭司府邸院子裡否認的事，和耶穌在大祭司府邸裡接受審判的故事同時在進行。實際上，彼得的「被審判」是和耶穌「接受審判」是相互對照的。當耶穌在大祭司府邸裡接受大祭司的審問（十四 53），「大祭司的一個使女」也在大祭司府邸外面「審問」彼得（十四 66，69）。當耶穌面對他的仇敵，即使他需要付出死亡的代價，他仍然屹立不搖並且承認他真正的身分（十四 62）。對照之下，彼得在壓力之下崩潰，而且為了保存

自己的性命，連續三次否認耶穌（十四68，70，71）。
當耶穌在大祭司府邸裡的審判結束，被人蒙臉，用拳頭
毆打，而且對他說：「你說預言吧！」（十四65），在外
面的彼得聽見雞叫第二遍時就哭了，因為耶穌所說「彼
得不認他」的預言（十四30）實現了（十四70）。再
者，耶穌在公會面前受審，也讓耶穌將「被長老、祭司
長，和文士棄絕」的預言（八31）實現。那些控告耶
穌的人嘲弄他，對他說：「你說預言吧！」──當馬可
福音十四章第二部分所有的事件都發生的時候，耶穌在
這本福音書前面的預言就全部實現了。

福音的結束？

＞研讀馬可福音十五 1～十六 8

耶穌的死亡：一種解釋性的註釋（十五 1～15a）

耶穌被交到彼拉多的手中（十五 1），實現了耶穌第三次受難的預言，他曾提到祭司長和文士「要定他死罪，交給外邦人。」（十 33～34）讀者需要明白兩個歷史的事實，藉以感受馬可在第十五章的角度。

　　事實一：羅馬人殺害了耶穌。所有的文獻資料都同意「耶穌是因為被釘在十字架上而死亡」（十五 21～39；太二十七 32～44；路二十三 26～43；約十九

16b～27；同時參見林前一23；二2，8；林後十三4；
加二19～20）——十字架是「羅馬人」處罰犯人的方
式，「猶太人」不會將犯罪者釘在十字架。假若如同馬
可福音十四章64節的陳述，耶穌犯了褻瀆上帝的罪，
那麼用石頭打死（利二十四13～16）才是猶太人適當
的處罰方式。正如使徒行傳七章58～59節司提反的遭
遇一樣。

再者，所有的文獻資料也同意：耶穌是被「猶太
人的王」的稱號處決的（可十五26；太二十七37；路
二十三38；約十九19），這是當時對耶穌正式的罪名。
這種指控也支持羅馬執行死刑的概念，因為「猶太人的
王」這名詞是「非猶太人」才使用的表達方式（可十
五2，9，12，18；見太二2；二十七11，29，37；路
二十三3，37～38節；約十八33，39；十九3，14，
19，21）。耶穌談論彌賽亞說的「以色列的王」（可十五
32；太二十七42；約一49；十二章13）。

**事實二：猶太人領袖參與在導致耶穌死亡的事件當
中。**所有的文獻均同意此點，但是對於他們「參與的程

度」，並沒有一致的意見。馬可福音十一～十四章裡，顯示猶太教的權威人士在導致耶穌死亡的事件當中，扮演著非常明顯的角色。馬可強調，在這些領袖當中，有一群人「主動參與」，也就是撒都該人祭司和經學教師。耶穌進入耶路撒冷之前（十 33），預言了他們的參與。後來大祭司們想要逮捕和殺害耶穌（十四 1）——當猶大決定出賣耶穌，他便去找大祭司（十四 10）。他們答應付給猶大一筆賞金（十四 11b）。祭司長是議會的一員（十四 53，55，60，61b，63～64），因此一般而言，祭司長，尤其是大祭司（也是撒都該人）在議會面前審判耶穌時，扮演顯著的地位。大祭司將耶穌交給彼拉多（十五 1b），控訴耶穌的過錯（十五 3），煽動群眾釋放巴拉巴、而非釋放耶穌（十五 11），當他被釘在十字架上還甚至譏笑他（十五 31～32b）。

因此，馬可描述「一群挑選出來的猶太人，參與了設計耶穌的計畫」。我們並不知道大祭司所煽動「群眾」數量的多寡（十五 8，11，13，14b，15），但是這些人必然是當時耶路撒冷猶太人當中的少數。事實上，逮捕和審判耶穌必須在晚上進行，因為大祭司害怕「百姓生

亂」（十五 2）。耶穌受到耶路撒冷「群眾」的歡迎，因此需要運用大祭司狡猾的方法。耶路撒冷猶太領袖當中只有一群「少數但是擁有影響力」的人積極反對耶穌。

作者馬可為了把耶路撒冷猶太領袖的參與程度加重，在內容敘事上就減少了羅馬人的責任。我們可以從耶穌在彼拉多面前受審（十五 1～15a）看得非常清楚——在馬可福音的記載當中，彼拉多盡其所能「想要讓耶穌被釋放」。對於耶穌不願意回應對他個人的控訴（十五 5），彼拉多覺得「希奇」，而非生氣。彼拉多知道「祭司長是因為嫉妒才把耶穌解了來」（十五 10）。彼拉多承認耶穌的無辜，他說「為甚麼呢，他作了甚麼惡事呢。」（十五 14）彼拉多甚至想要透過「年度釋放罪犯」的方案，嘗試去釋放耶穌（十五 6～7），但是因為祭司長影響眾人要求釋放革命分子巴拉巴（十五 8，11），在眾人的咆哮聲中，彼拉多最後屈服於眾人的意願，釋放了巴拉巴，而將耶穌交給人去釘在十字架上（十五 15）。

身處現代的讀者必須謹慎了解這些史實材料，因為

從這些經文的記載衍生出許多「反猶太教」的思考與想法。我們必須感謝馬可的角度，但是也必須持批判的角度，因為馬可的版本受到歷史的限制——讓一位羅馬軍官宣布耶穌的無辜，是政治上的權宜之計，因為這樣會證明給羅馬的帶領者看：耶穌和跟隨他的人從來就不會構成對羅馬政府的威脅——但是馬可強調耶穌的受苦，並且加強「受苦」是「肯定真門徒的身分」，這樣的做法暗示了馬可在撰寫馬可福音書時，是為了「已經遭受苦難、當時正在受苦，或者即將遭受壓迫苦難」的信仰團體（見十 30；十三 9～13）而寫的。馬可強調，在耶穌死亡周遭事件中的猶太人的角色，而不是羅馬政府的角色。馬可這種不尋常的做法，也許是在指出讀者群體中，這個早期信仰團體曾遭到的迫害可能是來自猶太人（見十三 9a）。馬可福音的信息就是「跟隨耶穌的人會在猶太人手下受苦」——因為這些情形也曾發生在「他們的主」身上。

　　但事實上，猶太人並不需要為了耶穌的死亡背負這麼重大的責任，反而是羅馬人要背負較大的責任。再者，在馬可福音裡面，馬可描述撒都該人這個猶太教派

別，這麼積極地參與導致耶穌受死的事件——但結果是撒都該人在主後第一世紀就消失了——耶穌在兇惡園戶的比喻裡，預言葡萄園的主人將會「除滅那些園戶，將葡萄園轉給別人」（十二 9b）。主後七十年，羅馬人摧毀了耶路撒冷和聖殿，讓這預言實現了！因此，當馬可撰寫這本福音書時，撒都該人已經消失了。當耶路撒冷陷落的時候，法利賽人是唯一留存下來的猶太人派別。

耶穌被釘十字架、死亡及埋葬（十五 15b～47）

彼拉多將耶穌交給兵丁鞭打且釘在十字架（十五 15 節b～20），馬可福音並沒有記載其細節，令人感到驚訝，因為他沒有提到難以置信的身體上的痛苦，或是十字架所代表的「完全降低身分及羞恥」的意義，馬可實事求是地加以記載「於是將他釘在十字架上」（十五 24b）。當然，因為在羅馬帝國釘十字架是相當普遍的事，並不需要詳細地描述這種殘酷的刑罰給第一世紀的讀者看，但是，若沒有任何書面的描述，那些對於這種死刑並不熟悉的人，就只能推測如何執行釘十字架的殘酷過程。

羅馬人並未發明釘十字架的刑罰方式，但是他們

「讓它更加完美」，因為羅馬人已經運用這種殘酷而不尋常的刑法處決了數千人，而且只有男性會被釘死在十字架，尤其是那些犯下最嚴重罪刑的犯人，才會被使用在這種可怕的刑罰方式。釘十字架的目的並非殺害，而是延長犯罪者死亡的時間，使犯人請求希望可以「盡快」被處死。

釘十字架的過程，一開始是鞭打（十五 15b）。被處死刑的罪犯被人鞭打，他們的雙手被人綁在一根木柱子上。鞭打犯人的鞭子，用皮革綁在一起，形成把手，另一端用皮革做成的球會和金屬或銅互相編織，讓折磨加劇。這種鞭子很快就會把罪犯裸露的背部、手背、腳和臀部的肉掀起來。折磨的後果（有時是致命的）因為在人身上產生許多傷口，導致大量的出血，也因為失血的緣故，罪犯的血糖指數突然下降，因此犯人比較無法承受後面的處罰。

鞭打之後，犯人被迫以「巡迴的路徑」步行到被處決的地方。大多數犯人背負他們自己死亡的工具——十字架。這段公開、長距離的遊行示眾，是要讓犯人耗

盡力氣，並且阻止所有旁觀者想嘗試類似罪行的用意。
罪犯通常只背負十字架的橫柱，他們的雙手會被綁在上
面，而十字架那根直立的樑木，已經早已屹立在處決之
處。當時有一個古利奈人西門，圍觀的人「勉強他同
去，好背耶穌的十字架」（十五 21），顯示耶穌被人鞭
打的程度是何等的嚴重。

雖然羅馬帝國執行釘十字架的情形十分普遍，但我
們不知道的是在第一世紀時，巴勒斯坦的人們被釘在十
字架上是何種情況？直到二十世紀的六〇年代，在耶路
撒冷第一世紀的墳墓當中，有個被釘十字架死亡的遺骸
出土，我們才知道那時代的真相。一般人相信「只有耶
穌是被釘在十架上的」，表示這也許是一種特殊的處罰
方式，但是那個在耶路撒冷被釘十架的骸骨，顯示了他
身上釘痕的記號以及一根在骨頭裡面彎曲的釘子。

當我們觀看到這些骸骨時，看起來是有人在犯人前
腕的兩塊骨頭（半徑和尺骨，the radius and the ulna）之
間，用釘子釘在十字架上──這是很有可能的。因為若
將一根釘子釘在手掌上面，無法支撐這人掛在十字架上

的體重。再者，古代稱「手」（hand）是指整隻手臂，
而不是只有手掌和手指而已。所以路加福音二十四章
39 至 40 節和約翰福音二十章 20 節、25 節及 27 節提
到，耶穌的釘痕在他的「手」上，這和考古學上的證據
相吻合。

　　一旦手臂被釘在十字架的橫柱上，犧牲者（victim）
就會被舉起，十字架的橫柱就會和已直立在地上的樑木
固定住。用一根釘子釘穿腳跟骨（heel bones），讓犯人
的雙腳得以固定在直立的樑木。那位在第一世紀出土的
遺骸，其腳跟骨裡面仍有一根彎曲的釘子。釘子的上面
有相思木的木屑，指出釘子的位置上原本放著一塊木
頭。這根釘子會先穿過木板，然後進入犯人的身體和骨
頭裡。

　　雖犯人被釘子釘在十字架上非常痛苦，但這卻不是
致命的傷害，反而是這樣的身體姿勢讓人難以呼吸——
犯人為了能夠呼吸，必須將自己撐起來，但是這樣就必
須將釘在十架上的雙腳壓低。然而，將自己撐起來也會
讓人觸及到非常疼痛的背部，十字架粗糙的木頭也會再

度刮傷傷口。白天的熱氣、晚上的寒冷、在身旁飛翔的昆蟲及鳥類，帶來犯人的困擾，加上被掛在離地不遠的內心羞愧感、人們都能看見他一絲不掛的窘狀，都會增添犯人心裡的不舒服及困苦之情。

當犯人無法把身體撐起來呼吸時，就面臨了死亡──有可能是因為大量的失血和令人難以置信的疲累後果。衛兵為了加速這個過程，也許會拿一根棒子，打斷被釘十架那個人的小腿，這樣做會讓他無法撐起來呼吸，他就會因窒息加速死亡。在某些情形之下，犯人可以在十字架存活好幾天。依照馬可的記載，耶穌只在十字架上六個小時，亦即從早上九點鐘（十五 25）到下午三點鐘（十五 33），這是耶穌必須忍耐去承受殘酷鞭打的另一個記號。

再者，馬可福音記載的「釘十字架」的特徵在於「馬可的沒有記載」。馬可並未提及人們感覺到的感受──身體上、心理上及情緒上的折磨。相反地，馬可描述的是耶穌在那些與他敵對、不信和不關心的人們當中，他慢慢地死去的經過。路過的人、大祭司和他

們的文士，甚至和他一起受釘十字架的人（十五 29～32）都在嘲諷耶穌。然而那些和耶穌最親近的人，那時候卻與他遠離。在十四章結尾，所有的門徒都逃走了，只有少數的婦女「遠遠地觀看」（十五 40～41）。耶穌在十架上被「巨大的孤單」籠罩，和馬可福音前半部耶穌「受眾人熱烈歡迎」，形成了強烈的對比（一 28，33，45；三 8～9；六 34～44；八 6～9）。耶穌甚至感覺到被上帝拋棄了，他悲哀地大喊：「我的上帝，我的上帝，為甚麼離棄我。」（十五 34；詩二二 1a）但是，當耶穌在十字架上、甚至被旁觀者誤解，認為他在呼喊「以羅伊、以羅伊、」（我的上帝，我的上帝，）時，是在呼叫以利亞（十五 35～36），然後耶穌「大聲喊叫，氣就斷了。」（十五 37）

當耶穌死亡時，發生兩件重大的事。聖殿裡從至聖所和外院隔開的幔子從上到下裂為兩半（十五 38）——公元七十年之前，每一年在贖罪日那天，大祭司會進入至聖所，懇求上帝赦免以色列人民的罪過。在耶穌死亡時，作者如此描述幔子的情形，可能是在指出「現在，信徒能夠自由地領受上帝的赦免了」。但是幔子的毀壞

也同時結束（seal）當時已然「過時的聖殿」的命運。

耶穌的死亡也引起百夫長的告白：「這人真是上帝的兒子。」（十五 39）這位羅馬的百夫長是「第一位承認耶穌是上帝兒子的外邦人」，這個事實非常重要。因為有證據指出，這本福音書的對象是外邦人（見七 3～4），說明了這本福音書當中「正面看待外邦人」的原因（見七 24～30）。但是，同樣值得注意的是，當羅馬的百夫長看見耶穌死了而促使他說出這樣的告白，因此透過耶穌的死，他真正的身分才在最後被完整地顯明出來。耶穌行神蹟的工作尚無法成就的事，卻因他的受苦和死亡成就了。

那些被釘在十字架上的人，死後被允許掛在十字架上——直到屍體分解或是被有掠奪性的鳥類或是動物所吞噬掉。亞利馬太的約瑟——經文描述他是「尊貴的議士」（十五 43a）——當時不久前，公會才將耶穌定罪（十四 55～65；十五 1），而且經文並未記載這位約瑟是同情耶穌的人？或是轉變成為跟耶穌從「敵人變成朋友」的人？但約瑟請求彼拉多，允許他將耶穌的屍體從

十字架移下來（十五 43b），好在日落之前將耶穌下葬。
因此，彼拉多得知耶穌既然「已經死了」（十五 44a），
便准許他將耶穌的屍體從十字架上移走。也因為天色漸
漸晚了，安息日很快就要開始，所以約瑟當時只剩一點
點時間可以做這件事。他用細麻布把耶穌裹好，安放
在附近的墳墓裡，然後輥過一塊石頭來擋住墓門（十
五 46）。一些旁觀的婦女看見耶穌被安放的地方（十五
47），所以在七日的第一日清早，她們知道該往何處去。

結語：空墓（十六 1～8）

按照現存最古老抄本的資料顯示，馬可福音的經文在第
8 節就結束了。有些後來的希臘文抄本，包含馬可福音
十六章 9～20 節，就形成了古代抄本的附錄——這些並
非馬可著作原始的內容。馬可福音十六章 9～20 節的風
格和字彙提供了另一個線索，證明那並不是馬可福音原
作者所寫的——但是馬可福音十六章 8 節這地方，是這
本福音書不尋常的結束。

　　過了安息日，三位婦女想要去膏耶穌的身體（十
六 1～3）。當她們到了耶穌的墳墓時，發現墓門開了

（十六 4）。她們並未在墳墓裡面發現耶穌的屍體，反而遇見了天使，告訴她們，耶穌已經復活，而且命令她們「去告訴他的門徒和彼得說，他在你們以先往加利利去。在那裡你們要見他，正如他從前所告訴你們的。」（十六 5～7）到這邊，福音書就突然結束。經文如此陳述：「他們……又發抖，又驚奇，甚麼也不告訴人。因為他們害怕。」（十六 8）。假如馬可福音十六章 8 節是這本福音書的最後一節，其最後一個字是「因為」（for），加上在福音書的結束之前，復活的主尚未出現，那麼我們很容易得知為甚麼後來的抄寫經文者，想在結束之處添加甚麼內容了。

但是，馬可福音在十六章 8 節就結束，仍然是個事實，而且讓這種結尾有意義是非常重要的。首先，福音書並不需要復活主的出現。這本福音書是為信徒所寫的（見一 1），他們並不需要耶穌從死裡復活的「證明」，因為這些讀者已經知道耶穌的復活了。馬可福音十六章 6 節已經告訴她們耶穌的復活；再者，耶穌在幾個場合預言他的復活（八 31；九 9；十 34），而且在橄欖山上向他的門徒解釋：「但我復活以後，要在你們以先往加

利利去。」（十四 28）

　　然而就像馬可福音其他的部分，它的結尾也很諷刺——在福音書的前面幾章，耶穌告誡眾人要對看見及聽見的內容「保持沉默」——但是他們卻「到處宣揚、熱心傳揚」（見現代中文譯本一 45；七 36）。現在，到了最後，耶穌要人們去傳揚他復活的消息，婦女們卻害怕跟任何人說——這是何等諷刺啊！

　　馬可福音最開始的敘事已經在兩個層面下進行。第一個層面是「故事裡角色」知道的層面；另一個層面，則是「讀者」知道的層面。但是，因為讀者知道故事的結束，所以讀者們比故事裡的角色更有顯著的優勢。那些和耶穌同行以及和他說話的人，無法完全了解他的身分。他們只擁有「部分的視野」（partial vision），但是，所有之後的讀者都知道耶穌的死亡和復活，因此讀者們已經接受八章 22～26 節裡面，講到盲人需要接受的「第二次的觸摸」。所以馬可福音的讀者開始了他們自己與「福音」的接觸，完全知道耶穌就是「上帝的兒子，耶穌基督」（一 1）。

　　因此，除了去到耶穌墳墓的婦女以外，唯一知道「基督復活」的人是讀者。因為婦女「甚麼也不告訴人」（十六 8），所以除非讀者見證他們所知道的事件，否則這個好消息將無法流傳下去。因此，在這本福音書的結尾，福音書作者將「宣揚」的擔子轉移到讀者身上。從表象來看，當耶穌死亡與復活的事件顯明的時候，讀者也已經被動地觀察到了；現在則是讓充滿知識的讀者開始行動的時刻！馬可福音的結尾是鼓勵他們去做那些婦女沒有做的事：去，告訴人！（十六 7）

　　這種解釋和馬可福音一章 1 節說的「上帝的兒子，耶穌基督福音的起頭」非常相配。正如古代許多著作第一節的經文就是整本著作的書名。但是十六章的這個故事只是「起頭」，絕對不是整個故事的全部。現代的讀者必須透過他們自己的宣揚（見十三 10）以及他們因在這世上受的苦（十 30；十三 9～13）成為故事的一部分。所有人都信心堅定並且看見人子「駕著天上的雲降臨。」（十四 62；亦見八 38b、十三 26～27）

附錄：馬可福音綱要表

I. 前言：耶穌公開傳道之前（一 1～13）
A. 標題（一 1）
B. 先驅者施洗約翰（一 2～8，14a）
C. 施洗約翰為耶穌施洗（一 9～11）
D. 耶穌在曠野受試探（一 12～13）

II. 「強而有力的基督」（一 14～八 30）
A. 耶穌公開傳道的第一階段（一 14～三 35）
1. 耶穌第一次傳道（一 14～15）
2. 耶穌呼召西門、安德烈、雅各與約翰（一 16～20）
3. 第一個神蹟：在迦百農的會堂趕鬼（一 21～28）
4. 第二個神蹟：醫治西門岳母的熱病（一 29～31）
5. 耶穌醫治其他人（一 32～34）
6. 加利利傳道旅行（一 35～39）
7. 第三個神蹟：醫治痲瘋病人（一 40～45）
8. 第四個神蹟：醫治癱子（二 1～12）
9. 與法利賽人爭論有關飲食的規定（二 13～22）
   a. 耶穌呼召利未（二 13～14）
   b. 耶穌與稅吏和罪人吃飯受人批評（二 15～17）
   c. 耶穌因為他的門徒不禁食受人批評（二 18～22）
10. 與法利賽人更多有關遵守安息日的爭論（二 23～三 6）
    a. 耶穌的門徒因在安息日「工作」而受批評（二 23～28）
    b. 第五個神蹟：在安息日醫治手枯乾的人（三 1～

（接上頁）

6）
11. 耶穌的名聲遠播（三 7～12）
12. 耶穌設立十二門徒（三 13～19a）
13. 耶穌回家（三 19b～35）
    a. 耶穌家人的反應（三 21）
    b. 耶路撒冷下來文士的反應（三 22，30）
    c. 耶穌駁斥耶路撒冷下來的文士（三 23～29）
    d. 耶穌真正的家人（三 31～35）
B. 穿插事件：耶穌用比喻教導人（四 1～34）
C. 耶穌公開傳道的第二階段（四 35～六 6a）
    1. 第六個（超）神蹟：平靜暴風（四 35～41）
    2. 第七個（超）神蹟：治好格拉森被鬼附的人（五 1～20）
    3. 第八個（超）神蹟：治好血漏的婦人（五 24b～34）
    4. 第九個（超）神蹟：讓睚魯的女兒復活（五 21～24，35～43）
    5. 耶穌再次回家卻被人厭棄（六 1～6a）
D. 穿插事件（六 6b～29）
    1. 耶穌差遣十二門徒（六 7～13）
    2. 施洗約翰死亡的記載（六 14～29）
E. 耶穌公開傳道的第三階段（六 30～八 26）
    1. 第一個循環（六 30～七 37）
        a. 第十個神蹟：餵飽五千人（六 30～44）
        b. 行奇事的耶穌受人歡迎（六 53～56）
        c. 第十一個神蹟：耶穌在水面行走（六 45～52）

（接上頁）

  d. 與法利賽人有關口頭傳統的爭論（七 1～23）
  e. 第十二個神蹟：討論禮上的污穢之後，趕出敘利
   腓尼基族女兒的鬼（七 24～30）
  f. 第十三個神蹟：治好聾啞的人（七 31～37）
 2. 第二個循環（八 1～26）
  a. 第十四個神蹟：餵飽四千人（八 1～9）
  b. 渡湖（八 10）
  c. 與「求顯神蹟」的法利賽人之爭論（八 11～13）
  d. 與門徒討論酵（八 14～21）
  e. 第十五個神蹟：雙重醫治瞎子（八 22～26）
 F. 馬可福音前半部的結論：彼得的告白（八 27～30）

III.「受苦的基督」（八 31～十五 47）
 A. 進入耶路撒冷之前（八 31～十 52）
  1. 第一個循環（八 31～九 29）
   a. 耶穌第一次預言受難（八 31）
   b. 門徒第一次誤解：彼得的責備（八 32～33）
   c. 耶穌教導如何成為門徒（八 34～九 1）
   d. 耶穌變貌及之後（九 2～13）
   e. 第十六個神蹟：治好被污鬼附身的孩子（九 14～
    29）
  2. 第二個循環（九 30～十 31）
   a. 耶穌第二次預言受難（九 31）
   b. 門徒第二次誤解：最偉大的門徒（九 32～34）
   c. 耶穌再次教導如何成為門徒（九 35～37）

（接上頁）

d. 另一位趕鬼者（九 38～41）

e. 罪的誘惑和鹽的教導（九 42～50）

f. 耶穌對休妻的教導（十 1～12）

g. 耶穌為小孩祝福（十 13～16）

h. 財主的問題（十 17～31）

3. 第三個循環（十 32～52）

   a. 耶穌第二次預言受難（十 33～34）

   b. 門徒第三次誤解：雅各和約翰的要求（十 35～40）

   c. 耶穌第三次教導如何成為門徒（十 41～45）

   d. 第十七個神蹟：治好瞎子巴底買（十 46～52）

B. 在耶路撒冷（十一 1～十五 47）

1. 耶穌進入耶路撒冷（十一 1～11）

2. 第十八個神蹟：咒詛無花果樹（十一 12～14，20～25[26]）

3. 與宗教權威人士的衝突（十一 15～十二 44）

   a. 耶穌潔淨聖殿（十一 15～18）

   b. 質問耶穌的權柄（十一 27～33）

   c. 耶穌講述兇惡園戶的比喻（十二 1～12）

   d. 詢問耶穌更多的問題（十二 13～34）

     i. 有關納稅（十二 13～17）

     ii. 有關復活（十二 18～27）

     iii. 有關最大的誡命（十二 28～34）

   e. 大衛子孫的問題（十二 35～37）

   f. 耶穌譴責文士（十二 38～40）

（接上頁）

　　g. 耶穌責備富人，稱讚貧窮寡婦的奉獻（十二 41～44）
4. 共觀福音的啟示（十三 1～37）
　　a. 預言聖殿的終結（十三 1～2）
　　b. 預言時代的終結（十三 3～36）
5. 耶穌聲明的終結：受難的故事（十四 1～十五 47）
　　a. 宗教權威人士殺害耶穌的陰謀（十四 1～2）
　　b. 耶穌在伯大尼被膏抹（十四 3～9）
　　c. 猶大安排出賣耶穌（十四 10～11）
　　d. 舉行最後的晚餐（十四 12～25）
　　　i. 晚餐的預備（十四 12～16）
　　　ii. 最後的晚餐（十四 17～25）
　　　　a) 預言耶穌被出賣（十四 18～21）
　　　　b) 設立最後的晚餐（十四 22～25）
　　e. 晚餐之後：客西馬尼園（十四 26～52）
　　　i. 預言門徒的背叛（十四 26～28）
　　　ii. 預言彼得的否認（十四 29～31）
　　　iii. 耶穌在客西馬尼園禱告（十四 32～42）
　　　iv. 耶穌在客西馬尼園被出賣和逮捕（十四 43～52）
　　f. 耶穌在公會前接受審判（十四 53，55～65）
　　　i. 提供假見證（十四 56～59）
　　　ii. 大祭司質問耶穌（十四 60～61）
　　　iii. 耶穌回應大祭司的問題（十四 62）
　　　iv. 耶穌被控告褻瀆罪（十四 63～65）

（接上頁）

g. 彼得三次否認耶穌（十四 54，66～72）

h. 耶穌出現在彼拉多面前（十五 1～15a）

j. 耶穌釘在十字架上（十五 15b～32）

　i. 鞭打（十五 15b）

　ii. 兵丁嘲笑耶穌（十五 16～20）

　iii. 古利奈人西門被迫背負耶穌的十字架（十五 21）

　iv. 耶穌來到各各他（十五 22～23）

　v. 耶穌在早上九點被釘十字架（十五 24～27）

　vi. 耶穌在十字架上被人嘲笑（十五 28～32）

k. 耶穌的死（十五 33～41）

　i. 從中午到下午三點的黑暗（十五 33）

　ii. 耶穌被遺棄的哭喊（十五 34）

　iii. 耶穌在十字架上被人誤解（十五 35～36）

　iv. 耶穌的最後一口氣（十五 37）

　v. 聖殿裡的幔子裂為兩半（十五 38）

　vi. 百夫長的告白（十五 39）

　vii. 確認在旁觀望的婦女們（十五 40～41）

l. 亞利馬太的約瑟埋葬耶穌（十五 42～47）

IV. 結語：空墓（十六 1～8）

　A. 婦女前往墳墓（十六 1～3）

　B. 發現空墓（十六 4～5）

　C. 天使命令她們告訴門徒（十六 5～7）

　D. 婦女的回應（十六 8）

老師本

葛利斯

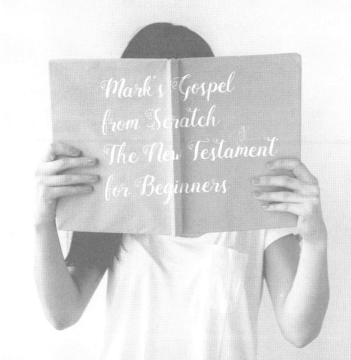

查經帶領者的指導原則

課程目標

即使讀者沒參與查經班或班級團體，自己也可以研讀這本《第一次查馬可福音就上手》。但若您和查經旅程中的其他夥伴互動時，將會獲得最大的價值和收穫。準備這些課程計畫時，我的心中已經有了幾個目標，盼望學員體驗到自己參與的結果。盼望學員們能夠參考以下建議：

● 研習時，帶著渴望的心，更深進入聖經的世

界，特別是馬可福音的世界。

● 與其他人愉快地研讀聖經。

● 更加認識及欣賞馬可福音的信息。

● 透過研習獲得的洞見、問題及肯定，與其他
人分享而且建立「經常閱讀」和「研究聖經」
的紀律。

教導的基本原則

為了讓帶領者有效的教導及帶領，我非常努力在這些課
程規劃當中建立一些基本的原則。基礎的原則是嘗試讓
班上的每一位學員，盡可能在每一堂課程都能參與到最
多的活動——雖然這是個遠大的目標，但是每個人在每
一週當中，都有很多機會去參與——若是被人鼓勵的
話，他們大多數人也都是如此的想法。你會發現這個原
則在接下來的每一堂課程都會出現。當我設計這個課程
時，心中還有幾項原則：

● 課程旅途中，帶領者是最好的同伴和嚮導。

● 帶領者提供「充分的」資訊，但是不至於提
供「過多的」資訊而讓學員喪失發現的樂趣。

老師本

- 學習的動機包含「享受」並「完成」工作，並且做出選擇。

- 為了回應學員不同的興趣、需要及學習方式，因而我運用了多種活動和資源，期望讓學員得到最好的學習。

- 學員需要有人邀請他們，運用適合他們和主題的方式去表達出情感、想法和信仰。

- 每個學員需要有機會去分享他們瞭解及相信的內容及想法。

- 針對開放式的問題，邀請學員去解釋、反省及應用。

- 當學員開始與其他人分享自己信仰的故事時，他們會在信仰當中得到培育。

- 所有以「計畫和非計畫的方式」產生的教導和學習，都是為了增進對聖經的認識和忠實的門徒身分。

- 當帶領者與學員看見聖經與他們自己信仰的故事互相連結時，聖經就變成上帝的話語。

- 聖經提供許多資源來增進我們的禱告、信仰的告白以及我們對於耶穌基督服事的委身。

環境的安排

好好安排聚會的空間，讓學員都可以坐在桌子前。桌子非常重要，因為它們提供放置所有物品和咖啡杯的空間。桌子也暗示我們將要開始工作——我們並非只是坐著聆聽演講。假如班上的學員彼此間還沒那麼認識，我們就需要做名牌。在教室入口處附近擺一張可以放置熱開水、咖啡、茶和巧克力的桌子，讓每一位學員都能拿到一個杯子，找到一個座位。假若你帶領的團體人數不多，就以四方形擺放桌子，好讓每個人可以看見團體的其他成員。你也可以和他們坐在一起。假若你帶領的團體人數較多，就以扇形擺放桌子，讓學員可以看見你站在前面以及看到白板、海報或是告示板。

學習資源

第一次上課時，提供聖經給那些沒帶聖經的同學。遇見類似的情況，請持續提供聖經給他們。假若你想讓他們都閱讀同樣的聖經頁數，讓大家有相同的聖經版本是非常重要的。無論如何，鼓勵學員攜帶他們自己的聖經。

除了聖經以外，從教會、牧師或是你自己的圖書館

當中，借出經文彙編、聖經辭典、馬可福音的註解書以
及聖經地圖。教會圖書館通常不會有足夠的數量讓每個
人都有一本聖經辭典可以使用，因此當學員在某些課程
被老師要求去尋找馬可福音當中的一段經文、某個人物
或是事件相關資料時，帶領者就可以將聖經辭典、百科
全書或是地圖的相關部分影印下來。像這種給班級學員
一次性使用的影印，並不違反著作權法。

　　提供紙筆，給那些沒有攜帶紙筆的學員。學員使用
的課程表格幾乎都在這老師本每堂課的最後面備有附錄。

時間規劃

每堂課的時間，我規劃是一小時。假如你的時間少於一
小時，那麼你必須做些調整。最好刪掉一項課程內的活
動，勝於匆匆忙忙進行所有原本規劃的課程內容。可能
的話，最好規劃六次以上的課程，因為本書有足夠的
材料可以讓您進行八～十次的課。假若你有足夠的時
間，就可以仔細且不匆忙去處理每一件事。假若學員
尚未閱讀過本查經系列出版的兩本書——《舊約聖經初
學手冊》（ *The Bible from Scratch: The Old Testament for*

Beginners）學生本（聖經資源中心及橄欖出版，2006）
及《新約聖經初學手冊》（*The Bible from Scratch: The
New Testament for Beginners*）學生本（聖經資源中心，
2009），也許你可以運用任何一本的第一堂課來當作聖
經課程的導論。

結語

當你準備帶領這個課程，也考慮每一堂課的教學策略
時，你必須先閱讀過學生本的每一課內容。你應該假設
許多學員在上課之前，都會事先閱讀學生本的相關章
節，因此你也應該和他們一樣熟悉這些課程內容。對你
和他們而言，在信仰的旅程當中，與朝聖的同伴一起研
討馬可福音，是一種挑戰、啟發和滿足的體驗。願上帝
在這趟旅程當中祝福你，有許多的發現與喜樂。假如你
和查經班的學員們發現這門課對你很有幫助的話，也許
你可以開始規劃，共同去學習「From Scratch」這個查
經系列當中的初學查經書籍。

——Donald L. Griggs（葛利斯）

馬可傳道師的才華

＞馬可福音研究導論

上課之前

課程焦點

這一堂課將聚焦於馬可福音和其他三本福音書，尤其是與馬太福音與路加福音不相同的某些特色。我們將探討「共觀福音書的問題」以及「馬可福音是第一本福音書」的內容。

課程預備

- 花一些時間，閱讀整本馬可福音，嘗試一次讀完。

- 閱讀研讀本聖經或是聖經辭典當中，有關介紹馬可福音導論的一、兩篇文章。

- 閱讀聖經辭典當中處理「福音」或是「共觀」的文章。

- 與學員分享你收集學習聖經的工具：整本聖經的註解書、馬可福音的註解書、聖經辭典、福音對照的書籍和一本或幾本的研讀本聖經。

- 影印馬可福音前半部有關「立刻、隨即」的表單。（本堂課本附錄）

- 提供聖經給那些忘記攜帶的學員。

環境布置

　　再次閱讀前言〈查經帶領者的指導原則〉當中有關空間安排、茶點、資源的那一部分。你應該預備好第一堂課所有需要的物品——你可讓別人有良好的印象，特別是那些新來參加查經的學員。

課程安排

這一堂的上課計畫將設定「至少一個小時」的學習。若是你的上課時間少於一個小時，你就需要調整一下可以考慮下列的可能性：（1）將這一課延長為兩課，（2）假如這團體的成員互相認識，就省略「團隊建立」活動，或是（3）取消「探討『立刻、隨即』的活動」。

老師本

上課內容

歡迎參與者

在第一位學員到達之前，您需要提早去教室，將茶點和其他事情都準備妥當。請學員自行簽名並製作名牌。用溫暖的態度歡迎每一位學員，並且用名字互相問安。若有人需要借用聖經，就借給他一本，鼓勵每一位學員下次來上課的時候，都能攜帶自己的聖經來。假若學員尚未有這本書，請給他一本，因為在你上課時所提到的內容，說不定他們也可以參閱。

介紹課程

當所有學員到齊、且在你歡迎大家之後，與這個團體分

享對本課程的期待。大綱裡可以強調這些要點：

● 這一課將會介紹馬可福音。

● 接下來的五堂（或是更多堂課），將會按照馬可福音的內容依次介紹。

● 這一課的計畫不一定會重複學生本的內容，但是會奠基在馬可福音的研讀材料及相關的部分。

● 期待學員在準備每一堂課時，都會先閱讀過學生本的相關章節。

● 每一位學員應攜帶一本聖經到教室來，若是攜帶研讀本聖經更好。花幾分鐘，說明研讀本聖經的價值。

● 向學員建議他們「若能一次就讀完馬可福音十六章」，對於馬可福音的認識和欣賞必然大大增進，而且這件事在兩個小時之內就可以完成。

● 在每堂課程裡，帶領者將會有些說明及介紹，但是大多數的時間會是引導學員進行一系列的活動，這些活動的設計是讓他們熟悉

課程當中關鍵的經文和主要概念。

● 沒有所謂「愚蠢的問題」，所有的問題都是
適當的問題。鼓勵參與者向帶領者和這個團
體提問。

● 每一位學員的洞察力、想法和主張，都會被
人接受和尊重。每個人感受到「能自由地表
達腦海和心中的想法」是一件很重要的事。

● 這堂馬可福音的旅程，將會以連續的祈禱文
作為開始。

老師本

開頭的祈禱

用類似的話語介紹這種祈禱：「我們每次見面，將會以
『祈禱』作為開始，並且從馬可福音的話語喚起大家。
我們今天的祈禱是以『連續祈禱文』的形式進行，我會
引述耶穌的話語，你們則需要同聲用『主基督，幫助
我』的話語回應。」

接著，重複這個回應幾次之後，邀請參與者和你一
起。

耶穌說：「來跟從我！我要使你們成為得人的漁夫。」（一 17）

耶穌說：「不要怕，只要信！」（五 36）

耶穌說：「如果有人要跟從我，就得捨棄自己，背起他的十字架來跟從我。（八 34）

耶穌說：「為了我而接待這樣一個小孩子的，就是接待我。接待我的，不僅僅是接待我，也是接待差我來的那一位。」（九 37）

耶穌說：「『你要全心、全情、全意、全力愛主─你的上帝。』第二是：『你要愛鄰人，像愛自己一樣。』沒有其他的誡命比這些更重要的了。」（十二 30～31）

在學生當中建立溝通管道

在第一堂課裡，花些時間讓學生們自我介紹一下。邀請每一位學員說說有關自己的三件事：姓名、過去參加主

日學或成人課程的記憶、最喜歡有關耶穌的哪個故事？
在這項活動當中，記得介紹你自己——也許你可以先介
紹自己，成為學生們的範式。當所有人都介紹完之後，
對他們所分享的內容給予肯定的回應。表達出你已經聽
見某些很棒的分享以及各人所喜愛的耶穌故事，這些都
是研讀馬可福音重要的基礎。

複習學生本的附錄：馬可福音綱要表

請學員注意學生本附錄：馬可福音綱要表。在整個課程
當中，若是常常參閱此項大綱，對您將是一份極有幫助
的資源。請花幾分鐘時間瀏覽一下，專注在以下我所強
調的重點：

- 馬可福音分為四個主要段落：（1）前言：
  耶穌公開傳道之前（2）強而有力的基督（3）
  受苦的基督（4）結語。第二和第三段落的
  敘事占了極大的部分。
- 馬可福音共有十八個神蹟，這些神蹟是馬可
  福音見證耶穌的重要層面。
- 在第二段落，耶穌的傳道有三個階段。

- 馬可福音第八章不只是該卷福音書中間的一章，也是敘事流動的中間段。
- 第三段落耶穌進入耶路撒冷之前，聚焦於預言他受苦的三個循環。
- 同樣第三段落，當耶穌在耶路撒冷時，有五章描述他生平的最後一週。

定義五個關鍵的概念

我們在學生本當中介紹了五個關鍵的概念——共觀福音的問題、福音、正典、馬可優先說以及口頭傳統。定義這五個關鍵概念的第一種方式，是由你這位帶領者將這五個概念分別做簡要的說明。要準備這些說明，請參考聖經辭典或是其他的材料，這樣將會幫助你了解每個概念的背景資訊——假若你的時間有限，這也許是最好的方式。

定義這五個關鍵概念的第二種方式，將需要 15～20 分鐘。將這個團體分為五個小組，每個小組專注於一個概念。你需要從幾種聖經研究工具去針對每個概念。在這當中，最好影印簡要或相關的資料。假如你能

將單冊的聖經辭典、研讀本聖經以及其他資源裡面的兩、三篇短文影印，提供給每個小組，那就再好不過了。假若每個主題都有兩、三篇短文，讓每個學員都能接觸到不同的資料。當你分完組，把資料發下去後，告訴學員：

- 分配一下閱讀的分量，讓每個人都只需要閱讀一篇文章就好。
- 將關鍵的片語或是句子畫線，幫助學員了解關鍵的概念。
- 在這個班級或團體當中分享你發現的重點。
- 請一位學員記錄，並將班級團體的發現做出摘要，與大家分享。
- 請學員回座位，每一個小組報告一下關鍵性觀念的摘要。

探討「立刻、隨即」

我們已經知道馬可福音的作者喜歡「從這事件突然轉換至另一個事件」時，使用「立刻、隨即」這個片語。馬可福音的前半部，共有二十處由這個片語引導的關鍵事

件。若按照這些步驟，這個活動大約需要 10 分鐘：

- 請告訴學員翻到本堂課末的附錄或者你準備提供相同資訊的講義。

- 將某一段經文分配給班上學員。假若你的團體成員少於二十位，那麼你不需要分配所有的經文。假若你的團體成員超過二十位，就適當分配經文。

- 指示學員閱讀經文，並且注意兩件事：「立刻、隨即」陳述的前後文是甚麼？假若馬可運用「立刻、隨即」這個詞是當成「從這場景轉換至另一個場景」的轉換詞，這部分敘事的前後文是甚麼？

- 請學生從馬可福音第一章開始，將經文處境當中發生的情況，簡單整理及分享。

- 結束這個活動之前，運用一、兩個問題來討論：馬可福音的作者為了說明耶穌的工作和見證，你是否發現他的意圖和進路的線索？你注意到耶穌傳道的本質是甚麼？

結束

這些話是馬可福音的一開始：「上帝的兒子，耶穌基督福音的起頭。」（一 1）請學生花一分鐘的時間，思想一下，耶穌基督的福音分享給他們的人：例如牧師、老師、家人、朋友或是其他人。請學員用些時間靜默，回想傳福音給您的那個人，以及對方與您的相關回憶，並且為那個人獻上感謝和代禱。在一、兩分鐘的靜默之後，請學員大聲說出那個人的姓名。當每個人說出一個名字之後，邀請團體裡的成員們同聲回應：「上帝啊，為了你這位好消息的見證人，我們感謝你。」

課後提醒

　　為準備下一課，請鼓勵學生們閱讀學生本第二堂、馬可福音一章 1 節～三章 35 節。

附錄：馬可福音前半部包含「立刻、隨即」的經文	
可一 12	聖靈**立刻**催促耶穌到曠野去。
可一 18	他們**立刻**丟下魚網，跟從了他。
可一 20（和合本）	耶穌**隨即**招呼他們，他們就把父親西庇太和雇工人留在船上，跟從耶穌去了。
可一 42	他身上的痲瘋**立刻**離開他，他就潔淨了。
可二 12	那個人起來，**立刻**拿起褥子，在大家注視下走出去。大家非常驚奇，頌讚上帝說：「我們從來沒有見過這樣的事！」
可三 6	那些法利賽人從會堂出來後**立刻**和希律黨人商量要怎樣對付耶穌，殺害他。
可四 15	有些人好像落在路旁的種子；他們一聽了信息，撒但**立刻**來了，把撒在他們心裡的信息奪走。
可四 16	另有些人好像落在石地上的種子；他們一聽了信息**立刻**樂意接受，
可四 17	可是信息在他們心裡扎根不深，不能持久，一旦為了信息遭遇患難或迫害，**立刻**放棄。
可五 2（恢復本）	耶穌一下船，**立即**有一個污靈附著的人，從墳塋裡出來迎著祂。
可五 29	她的血崩**立刻**止住，感覺到身上的病已經好了。

老師本

（接上頁）	
可五 30	耶穌**立刻**知道有能力從自己身上出來，就在人群中轉過頭來，說：「誰摸了我的衣裳？」
可五 42	女孩子**立刻**起來行走（那時她已經十二歲）。這事使大家非常驚訝！
可六 25	女孩子**立刻**回來見王，請求說：「求王**立刻**把施洗者<u>約翰</u>的頭放在盤子裡，給我！」
可六 27	於是他**立刻**命令侍衛去拿約翰的頭來。侍衛出去，到監獄裡，斬下約翰的頭，
可六 45	這事以後，耶穌**立刻**催他的門徒上船，先到對岸的<u>伯賽大</u>去，等他遣散群眾。
可六 50	因為他們看見他，都非常驚慌。耶穌**立刻**對他們說：「放心吧，是我，不要怕！」
可七 25	**立刻**有一個女人，她的女兒被污靈附着，聽見耶穌的事就來見他，跪在他腳前。
可七 35	那個人的耳朵**立刻**開了，舌頭也鬆了，他就開口說話，毫無困難。
可八 10	**立刻**和門徒上船往<u>大瑪努他</u>地區去。

◎譯註：以上附錄使用的經文以 NRSV 版出現的 "immediately" 為主，中文聖經若未特別標註，則取自現代中文譯本。

福音的開頭

>研讀馬可福音－ 1～三 35

上課之前

課程焦點

馬可福音第一章前面的 13 節，介紹洗禮到曠野的
試探。馬可福音開始的三章，從耶穌的這個行動
和神蹟，迅速地轉移到另一個行動和神蹟。這一堂將會
考慮耶穌的行動，以及身處不同團體的人們對於這些行
動的回應。我們也會探討耶穌受人歡迎的原因和影響。

課程預備

- 閱讀馬可福音一～三章，並且閱讀學生本的第二章。
- 若是可能，當你閱讀馬可福音時，運用研讀本聖經或是單冊的註解書。
- 準備影印這一課課本附錄的兩張表格。
- 提供聖經給那些忘記攜帶聖經的學員。

課程安排選擇

如同上一堂課的計畫——接下來的課程安排，活動太多就可能會超過你的上課時間。若是如此，請省略一個活動或是再增加一堂課。

上課內容

歡迎參與者

提早來到教室，在第一位學員到達之前，將茶點和其他事情都準備妥當。若是第一堂課你有使用名牌的話，就需要再次準備好，也許有一、兩位新同學會在這一堂課出現。確保自己能用溫暖的態度來歡迎他們，並且向他

們保證，即使他們沒來上第一堂課，也確信他們將會很快跟上進度，並且能夠輕易地融入其中。

開頭的祈禱

在歡迎及介紹新成員之後，邀請學員和你一起祈禱。使用下列的禱文或是你自己撰寫的禱詞。

> 慈愛的上帝，
>
> 我們在此時學習、默想馬可福音裡面你自己的話語。我們感謝你忠實的僕人如此珍惜你的話語，使得他們被啟發而來撰寫、翻譯、解釋和教導我們聖經中的話，啟示你永生的話語，就是道成肉身的耶穌基督。藉著你的聖靈，我們祈求我們的心和理性得以開放，透過馬可福音以及藉著我們彼此所說的話語，而能聽見你向我們所說的話。
>
> 奉我主耶穌的名祈求，
> 阿門。

複習學生本的附錄：馬可福音綱要表

請這個團體的學員注意學生本最後面的「附錄：馬可福音綱要表」，仔細看這一堂課所要研讀的部分——I 到 II A。請大家注意「前言」的簡要敘述以及「耶穌公開傳道的第一階段」，這部分的特色是以呼召門徒、講道、醫病和爭論為主。

馬可福音和其他福音書開頭的比較

這項活動開始之前，確認每一位學員明白下列的要點：

● 馬可福音是最早撰寫的福音書。

● 因為馬太、馬可及路加福音的類似點，因此被稱為共觀福音。

● 馬太福音及路加福音當中，都包含了馬可福音的內容。

● 雖然這三本福音書裡面，也許以同樣的敘事次序出現，並且十分相似；但是彼此之間仍有很重要的差異點。

接下來的課程將會幫助我們去確認馬太、馬可及路

加福音開頭的差異。我們可以使用這一堂課後面的「附錄 1：馬太、馬可及路加福音開頭的比較表」。也許帶領者可以影印附錄 1 的表格，或是將表格列印在較大張的紙上。將班級分為三個小組，每一組學員將研讀三本福音書的某一卷書。假若人數不平均，兩個人可聚焦在同一卷福音書，並跟著以下步驟做：

- 以三人為一組。
- 將「附錄 1：馬太、馬可及路加福音開頭的比較表」發下去，或是請學員翻到本堂課附錄 1 的位置。
- 每一位學員研讀三本福音書中不同的福音章節。
- 請每一位學員依據福音書中的發現，回答問題。
- 學員回答問題之後，邀請三個人分享他們的心得。

另一種方式是以整組的學員來進行這個比較。邀請學員分享他們每一次對某個問題的發現，稍後再以下列

問題，讓團體的成員們進行討論：

● 在這三卷福音書當中，同學們有發現他們的
　相同和相異之處嗎？
● 有注意到馬可福音獨特之處嗎？
● 從每一卷福音書的開始，到耶穌在曠野接受
　試探這些敘事，是如何為「呈現耶穌是上帝
　所愛的兒子」鋪路？

描述門徒的呼召

簡要地向學員描述「耶穌呼召門徒跟隨他」的主題。經
文中的焦點在呼召四位漁夫（一 16～20）以及稅吏馬
太（二 13～14）。在你的說明當中，一定要包含下列幾
項重點：

● 眾人知道耶穌是教師（拉比），而且在習慣
　上，耶穌會把跟隨他的門徒聚集起來。
● 耶穌首先呼召的四位門徒是漁夫西門、安德
　烈、雅各和約翰。
● 注意經文當中「立刻、隨即」的字眼。請問

學員，「要多麼迅速才是立刻、隨即」？

● 耶穌呼召四位漁夫之後，他們前往迦百農，耶穌在那裡進入會堂教導人。

● 雖然耶穌的家鄉在拿撒勒，但迦百農變成耶穌在加利利地區的事工宣教基地。

● 當耶穌在加利利湖邊行走時，他呼召坐在稅關上的稅吏利未（亦稱為馬太）。利未和第一批的漁夫相同，「就起來」跟從了耶穌。

● 耶穌呼召利未之後，耶穌和他的門徒、其他的稅吏以及罪人在利未家裡吃飯。

● 因為耶穌和那些名聲不佳的人們吃飯，遭受法利賽人和經學教師的批判。

● 以耶穌傳道的本質——「呼召罪人悔改」這部分，回應並陳述出來。

耶穌醫治神蹟的比較

耶穌公開傳道的第一階段（一21～三35）中，共有五個醫治的神蹟。為了在接下來這項課程活動當中讓參與者看見它們之間的異同，我們將比較這五個神蹟。以下列步驟引導學員，另外，這活動應該不會超過15分鐘。

老師本

- 將這個班級分為五人一組或是五個小組。假如你的團體少於十位，就不用分組，直接進行這個活動，每次一段經文。
- 請大家閱讀本堂課附錄 2：**五個「耶穌醫治神蹟的比較表」**，或是影印並發給大家。
- 準備一張和原表格有類似格式、但是尺寸稍微大張一點的壁報紙，你可能會覺得有所幫助。另外，你可以記錄學員的答案。
- 指定每個人閱讀五段經文的其中一段，以及回答表格內的幾個問題。
- 請學員閱讀經文，並且回答他們的問題之後，和團體的其他成員分享答案。

在小團體分享之後，讓整個團體花幾分鐘的時間，反省一或兩個問題。譬如：

- 關於耶穌傳道的性質，你得到甚麼內省或洞見？
- 對於耶穌傳道，甚麼是你最驚訝的層面？

老師本

肯定及批評耶穌的反省

馬可福音的前三章，我們看見人對於耶穌的行為和教導有非常不同的回應：「耶穌的名聲，就傳遍了加利利的四方。」（一28），「合城的人都聚集在門前。」（一33），「人從各處都就了他來。」（一45），「眾人都驚奇，歸榮耀與上帝」（二12），五位門徒立刻跟隨他（一18，20；二14）。這些都是好意的回應。另外，也有些人質疑和批判耶穌：「他為甚麼跟稅棍和壞人一起吃飯呢？」（二16，現代中文譯本）「看哪，他們在安息日為甚麼作不可作的事呢？」（二24）「法利賽人出去，同希律一黨的人商議怎樣可以除滅耶穌。」（三6）「因為他們說他癲狂了。」（三21）「他是被別西卜附着；又說：他是靠著鬼王趕鬼。」（三22）引導學員，用幾分鐘的時間來反省這些肯定和批判。觀看上述的經文，並且回應以下一些或是全部的問題：

- 誰正面回應耶穌？為甚麼？耶穌如何回應？
- 誰批判耶穌？為甚麼？耶穌如何回應？
- 馬可福音前三章裡對於耶穌的肯定和批判，告訴我們「耶穌傳道的本質」是甚麼？

● 你認為馬可福音的作者，有嘗試想要傳遞耶
穌是誰嗎？

結束

透過禱告或是共同唱一首熟悉的詩歌，譬如《往上行走
的基督》（Christ of the Upward Way）作為結束：

> 我神聖的嚮導，往上行走的基督，
> 在你腳踏之處，願我追隨腳步，
> 你所踩踏之地，我將移動行進，
> 我臉持續朝向上帝的山。

課後提醒

鼓勵學員準備下一課。閱讀學生本第二堂課，以及馬可
福音四章 1 節～七章 37 節。

老師本

附錄 1：馬太、馬可及路加福音開頭的比較表			
	馬太福音	馬可福音	路加福音
1. 在耶穌受洗之前，共有幾章幾節的經文？			
2. 從福音書的開始到耶穌洗禮的敘事，關鍵的事件為何？			
3. 耶穌洗禮的敘事當中，獨特的特色為何？			
4. 從天上雲中的聲音，到底說了甚麼話？			
5. 耶穌受撒但試探的次數和次序？			
6. 耶穌受撒但試探的敘事如何結束？			

附錄 2：五個「耶穌醫治神蹟」的比較表			
	馬太福音	馬可福音	路加福音
	在該神蹟當中，場所為何？有誰在場？	誰是接受醫治的人？結果為何？	對於耶穌神奇的行動，回應為何？
1. 迦百農會堂裡的趕鬼（一 21～28）			
2. 醫治西門的岳母（一 29～31）			
3. 大麻瘋病人的潔淨（一 40～45）			
4. 癱子的醫治（二 1～12）			
5. 安息日醫治手枯萎的人（三 1～6）			

行奇事的耶穌

＞研讀馬可福音四 1～七 37

上課之前

課程焦點

我們在這一堂課當中，將會檢視耶穌所行的八個神蹟、一個教導的比喻、描述他在拿撒勒並未成功的敘事以及和宗教權威人士衝突的敘事。這一堂包含的內容很多。帶領者將要運用幾個吸引人的活動來帶領這個團體，並且用一些分析的問題帶領他們一起討論，邀請學員就他們已經讀過的篇章加以思考和反省。有關十

二位使徒傳道和施洗約翰的敘事，你也沒有時間去處理。這一堂集中注意的關鍵問題是：「這位從上帝來的人，既充滿權柄，又施行如此神奇的行為和教導，這人有哪些特質？」

課程預備

- 閱讀馬可福音四～七章，並且閱讀學生本的第三堂課。
- 若有可能，當你閱讀馬可福音時，運用研讀本聖經或是單冊的註解書。
- 提供聖經給那些忘記攜帶的學員。
- 你會需要進行兩段簡要的報告，請準備講義。
- 準備你想要詢問學員的問題，這些問題的重點是要引導馬可福音在這一堂課的討論，內容將會在這一堂課的活動當中來探討。
- 運用聖經辭典、研讀本聖經或是其他的書籍，收集並分享有關下面的主題：彌賽亞的奧秘、「比喻」的性質、法利賽人、文士以及猶太人飲食相關的傳統。

老師本

課程內容

歡迎參與者

在第一位學員到達之前，提早來到教室，並將茶點和其他事情都事先準備妥當。請學員簽到，並請他們在名牌上寫名字。稱呼每一位學員的姓名，用溫暖的態度歡迎他們、問候他們。詢問是否有人需要借閱聖經。假若有人需要，鼓勵他們在下一次上課時，請攜帶自己的聖經。若是仍有學員還沒有課本，請給他一本。

開頭的祈禱

　　歡迎並介紹新來的學員之後，邀請大家和你一起祈禱。介紹這篇禱文，並說明這一堂課的後半部將聚焦於耶穌在自己的家鄉拿撒勒會堂的教導。耶穌的教導讓那些熟悉他的人大為驚訝。毫無疑問地，他教導律法、先知書裡上帝的話語，而那些來自上帝的話語可能會令人不安。這篇開頭的祈禱是詩篇一四六篇，它將上帝話語的一些教導做了整理，邀請學員翻到本堂課的附錄 1，將班上分為兩組，請一半的學員閱讀普通字型的經文，另一半的學員閱讀斜體底線字的經文。

複習馬可福音四 1〜七 37

請再看學生本附錄：馬可福音綱要表，注意這部分馬可福音的節奏。從比喻的敘述、四個神蹟（三個醫治和一個自然的神蹟）、差遣十二門徒到施洗約翰的死亡、兩個神蹟、與法利賽人的爭論，最後以兩個以上的醫治神蹟作為結束。這個複習的目的，是幫助學員對於馬可福音這七章當中，能夠感受到耶穌傳道活動的整體感。

請向學員解釋，他們不可能有足夠的時間深入探討這四章裡面的敘事，但是我們會在小組或是整個團體聚焦於某些挑選的敘事。

一個比喻的反省

剛開始的時候，先簡要地介紹馬可福音當中「比喻」的主題。運用馬可福音的註解書及（或）研讀本聖經的註解來準備你的介紹。確認你的介紹有包含以下關鍵要點：

● 第四章一開始，耶穌教導一大群人。
● 耶穌教導的主要方法之一，是運用比喻。

- 比喻是簡短的故事，奠基於和聽眾類似的目的和經驗。
- 比喻的目的是運用具體的意象（images）來解釋抽象的概念，譬如將芥菜種子比喻為上帝國。
- 若和馬太福音（十五個比喻）和路加福音（十八個比喻）互相比較，馬可福音（四個比喻）是比喻很少的福音書。
- 這三本福音書均記載撒種的比喻，若和馬太福音和馬可福音比較，路加福音的記載有微妙的差別。
- 馬可福音當中，撒種的比喻以兩個部分呈現：第一部分是直接敘述這個比喻（四3～9），接著是耶穌的解釋（四10～20）。
- 撒種的比喻較像寓言（allegory），這比喻的要件對應了整體福音書敘事的特定層面。

運用本堂附錄2：撒種的比喻（可四1～20）安排的方式，閱讀馬可福音四章1～20節。首先，決定誰是讀經者1和讀經者2，然後將班上的學員分為四個小

組。這兩位讀經者和四個小組的成員將分別閱讀他們各
自分配到的部分。唸完耶穌的這個撒種比喻之後，讓班
上學員積極討論下列的問題或是你自己準備的問題：

- 這是我們所熟知的撒種的比喻。讀完這個比
  喻，你認為強調的重點在於撒種的人、種子
  或是土壤？我們是否為這個比喻另外命名？
- 在學生本第三堂課「耶穌用比喻來教導」這
  一段，作者解釋這個比喻表示所有的要素與
  當時耶穌在寓意上的連結，而你會將這四種
  土壤如何和我們現今的生活做連結？
- 耶穌對他們說：「上帝國的奧祕，只叫你
  們知道，若是對外人講，凡事就用比喻。」
  （四 11）耶穌賜下奧秘給誰？你覺得那些擁
  有奧秘的人有哪些責任？

和耶穌奇妙的行為互相連結

馬可福音這四章主要的內容是神蹟的敘事。雖然我們沒
有時間詳細去探討每個神蹟所有的細節，但你可以給班
上的每位學員一個機會，聚焦在某個神蹟。指引學員翻

到本堂課末附錄 3：耶穌施行的八個神蹟（可四～七）
當你帶領他們去閱讀及回應這些神蹟敘事的過程中，下
列重點將會對你有幫助：

- 邀請每個人選擇一段神蹟敘事。假若有好幾
  位學員選擇了同一段敘事，或者有些敘事沒
  人挑選，那並不會是個問題。只要確保大家
  選擇的敘事能有多樣性的觀察就好。
- 複習表格上面的指示，確定每個人都充分了
  解你要學員分享的重點。
- 強調「重述」（retelling）的本身並非測驗他
  們的記性，而是提供一個讓學員有將閱讀和
  思考的敘事加以整理的方式。
- 在閱讀和反省的時間（5～8 分鐘）之後，
  請學員和其他選擇个同敘事的同學（一人或
  兩人）一起分享。
- 鼓勵學員在重述敘事的時候談論耶穌，以及
  對耶穌的想法和感覺。
- 提供五分鐘的時間，讓小組或小團體重新敘
  述他們的故事。

每個人都有機會分享他們的敘事。請這個班級的學員回到原位，並且討論以下這個問題：想像耶穌施行神蹟時，你是在場的哪一個角色？你可以學到甚麼功課？

耶穌在拿撒勒敘事的呈現

馬可福音當中，耶穌在拿撒勒的記載和馬太福音非常類似，但是卻和路加福音呈現的方式非常不同。將馬可福音和路加福音的敘事放在一起，對於確認它們之間的異同必定有所幫助。這是其中的一些重點：

- 馬可福音記載，耶穌在安息日開始時，在會堂裡教導人；然而路加福音當中，耶穌在教導之前，讀了先知以賽亞書的一段經文。
- 在馬可福音當中，這段敘事和耶穌公開的傳道相當協調（可六 1～6）。然而在路加福音，這個事件成為耶穌公開傳道的起頭（路四 16～30），它甚至發生在耶穌呼召第一批門徒之前（路五 1～11）。
- 在馬可福音當中，人們質疑耶穌的智慧和充滿能力的行為。但是在路加福音，眾人起初

「都稱讚他，並希奇他口中所出的恩言」（路
四 22）。

● 無論在馬可福音或是路加福音，耶穌都提及
先知在自己的家鄉並沒有得著尊榮。

● 馬可福音提及耶穌為「馬利亞的兒子」，路
加福音則提及耶穌為「約瑟的兒子」。

● 馬可記載耶穌詫異他們（指本鄉的居民）不
信（六 6），但是在路加福音，耶穌卻提及
以利亞和以利沙兩位先知的行為，展現上帝
對非以色列人的恩典。

● 在馬可福音當中，耶穌離開並前往其他鄉村
教導人；但是在路加福音，耶穌被人攆出城
外，並且威脅要傷害他，他卻從群眾中間直
行，沒有受到傷害。

持續討論下列問題，呈現耶穌在拿撒勒的敘事：

● 假如你是拿撒勒居民，並且在會堂中十分活
躍。你對你的鄰居（亦即三十歲左右的耶
穌）有何反應？

- 你認為拿撒勒居民不信的理由為何？
- 今天有哪些情況，也許會引起我們的會友或是鄉鎮居民類似的反應？

討論長老們的傳統

這一堂課結尾的敘事是馬可福音七章 1～23 節，我們發現耶穌和法利賽人及文士產生衝突。他們質問耶穌有關他的門徒的行為。請製作一個簡單的表格，其中包含的要點如下：

- 誰是法利賽人和文士？
- 法利賽人所指「有關洗手禮儀的律法」為何？
- 當耶穌說；「你們是離棄上帝的誡命，拘守人的遺傳。」（七 8）請解釋耶穌的意思是甚麼？
- 注意敘事當中，耶穌從針對法利賽人說話（七 1～13），轉為向群眾說話（七 14～15），再轉為向門徒說話（七 17～23）這些變換。假若有學員問起「缺了 16 節」，你可

以指著註腳說：「有些古卷加 16 節『有耳
朵的，都聽吧！』」

　　從下列所準備的問題中，挑出一個或兩個問題來結
束本堂課。

- 耶穌對法利賽人、群眾和門徒們的回應，你
　能分辨它們之間的差別嗎？
- 今天有哪些事也許可以說明「離棄上帝的誡
　命，卻拘泥於人的遺傳」的例子？

結束

結束的儀文（litany）請邀請學員完成以「耶穌……」
為開頭的句子。給他們大約三十秒的時間，讓他們在紙
上或是腦海中以完成這個句子。在靜默的時間後，請他
們依序分享他們的句子。當學員說完之後，邀請班上學
員一齊說：

　　上帝啊，感謝耶穌充滿能力的話語以及行動。

把上面這句話事先列印出來，或是將這句話寫在海報上面，讓所有的人都看得見。

課後提醒

鼓勵學員閱讀學生本第四堂課，馬可福音八章 1 節～十章 52 節，以預備下一堂課。

老師本

附錄 1：開始的禱告（詩篇一四六）

你們要讚美耶和華！我的心哪，你要讚美耶和華！
　我一生要讚美耶和華！我還活的時候要歌頌我的
　上帝！

你們不要倚靠君王，不要倚靠世人；他一點不能幫
助。
　他的氣一斷，就歸回塵土；他所打算的，當日就
　消滅了。

以雅各的上帝為幫助、仰望耶和華—他上帝的，這
人便為有福！
　耶和華造天、地、海，和其中的萬物；他守誠
　實，直到永遠。

他為受屈的伸冤，賜食物與飢餓的。耶和華釋放被
囚的；
　耶和華開了瞎子的眼睛；耶和華扶起被壓下的
　人。耶和華喜愛義人。

耶和華保護寄居的，扶持孤兒和寡婦，卻使惡人的
道路彎曲。
　耶和華要作王，直到永遠！錫安哪，你的上帝要
　作王，直到萬代！

（齊聲）你們要讚美耶和華！

附錄 2：撒種的比喻（可四 1～20）

讀經者 1： 耶穌又在海邊教訓人。有許多人到他那裡聚集，他只得上船坐下。船在海裡，眾人都靠近海，站在岸上。耶穌就用比喻教訓他們許多道理。在教訓之間，對他們說：你們聽啊！有一個撒種的出去撒種。

組別 1： 撒的時候，有落在路旁的，飛鳥來吃盡了；

組別 2： 有落在土淺石頭地上的，土既不深，發苗最快，日頭出來一曬，因為沒有根，就枯乾了；

組別 3： 有落在荊棘裡的，荊棘長起來，把它擠住了，就不結實；

組別 4： 又有落在好土裡的，就發生長大，結實有三十倍的，有六十倍的，有一百倍的」；

讀經者 2： 又說：「有耳可聽的，就應當聽！」

讀經者 1： 無人的時候，跟隨耶穌的人和十二個門徒問他這比喻的意思。

讀經者 2： 耶穌對他們說：「上帝國的奧祕只叫你們知道，若是對外人講，凡事就用比喻，叫他們看是看見，卻不曉得；聽是聽見，卻不明白；恐

老師本

（接上頁）

怕他們回轉過來，就得赦免。」

讀經者 1： 又對他們說：「你們不明白這比喻嗎？這樣怎能明白一切的比喻呢？

組別 1： 撒種之人所撒的就是道。那撒在路旁的，就是人聽了道，撒但立刻來，把撒在他心裡的道奪了去。

組別 2： 那撒在石頭地上的，就是人聽了道，立刻歡喜領受，但他心裡沒有根，不過是暫時的，及至為道遭了患難，或是受了逼迫，立刻就跌倒了。

組別 3： 還有那撒在荊棘裡的，就是人聽了道，後來有世上的思慮、錢財的迷惑，和別樣的私慾進來，把道擠住了，就不能結實。

組別 4： 那撒在好地上的，就是人聽道，又領受，並且結實，有三十倍的，有六十倍的，有一百倍的。」

附錄 3：耶穌施行的八個神蹟（可四～七）

1. 從下列八個神蹟中選擇一個神蹟，當作你想閱讀的焦點。

可四 35～41　　　耶穌平靜風浪
可五 1～20　　　　耶穌醫治格拉森鬼附者
可五 21～24a，35～43　耶穌醫治睚魯的女兒
可五 24b～34　　　耶穌醫治血漏的婦人
可六 30～44　　　耶穌餵飽五千人
可六 45～52　　　耶穌行走在海面上
可七 24～30　　　耶穌醫治敘利非尼基族婦人的女兒
可七 31～37　　　耶穌醫治耳聾舌結的人

2. 閱讀該段神蹟的敘事，然後思考下列四個問題：

● 耶穌遭遇何種需要或是情況？

● 耶穌如何回應這種需要或是情況？

● 敘事當中主要的角色有何回應？

● 你認為這個人或是群眾，對於耶穌有何認識或印象？

老師本

（接上頁）

3. 閱讀和思考這個神蹟事件之後，假設你是敘事當中的群眾或是其中一位主要的角色。想像你觀察或是經歷這個神蹟的感覺。

4. 趁帶領者在指導別組的時候，和班上其他一、兩位專注於其他神蹟故事的同學聚集一下並討論。

5. 想像某一個角色的觀點，重新述說這個神蹟的敘事。請以第一人稱（我）述說，如同這是你已經體驗過或是觀察到的感受。

先知耶穌

＞研讀馬可福音八 1～十 52

上課之前

課程焦點

在這一堂課，我們將聚焦於馬可福音的前半部，亦即耶穌教導群眾及醫治許多人；接著轉換到後半部，亦即耶穌指向耶路撒冷，以及他隨後的被捕、定罪、釘十字架和復活。這一堂課將強調門徒承認耶穌是彌賽亞，耶穌三次受難的預言、變貌的敘事，以及耶穌對跟隨他的人教導及其成為門徒的意義。

課程預備

- 閱讀馬可福音八～十章，並且閱讀學生本的
  第四堂課。

- 閱讀彼得宣告耶穌是彌賽亞和山上變貌的記
  載，你會發現單本的註解書或研讀本聖經對
  你有幫助。

- 提供聖經給那些未攜帶的學員。

- 若是你找得到一張地圖是有顯示「該撒利亞
  腓立比」的位置，是再好不過了！

- 為了引導學員的討論，準備或複習你想要詢
  問學員的問題。

- 概略敘述你課程內容的筆記。

課程安排

假如本堂課內容太多的話，你需要省略一個或兩個活
動。無論如何，包含聚焦於彼得承認耶穌是彌賽亞、耶
穌三次受難預言的敘事以及討論「門徒意義」的活動。

老師本

課程內容

歡迎參與者

在第一位學員到達之前，提早來到教室，將茶點和其他
事都準備妥當。請學員簽到，並請他們在名牌上寫下自
己的名字。稱呼每一位學員的姓名，用溫暖的態度歡迎
他們，並且向他們問候。詢問是否有人需要借閱聖經。
假若有人需要，鼓勵他們在下一次上課時，攜帶自己的
聖經。若是仍有學員還沒有課本，請給他一本。

開頭的祈禱

歡迎、介紹首次出席新成員之後，邀請學員和你一起祈
禱。提供下面的這篇祈禱文給您，或是你自己所寫的祈
禱文也可以。

> 呼召我們的上帝，你藉著神聖的話語向我們述
> 說，幫助我們聆聽祢的聲音。
> 充滿驚奇的上帝，啟開我們的心智，讓我們明
> 白祢真理和能力的奧秘。
> 信實的上帝，你永不放棄我們，因此我們讚美

感謝你。

憐憫人的上帝，求你伸出祢的雙手，用你的愛
及恩典的醫治觸摸我們。

啟示人的上帝，當我們奉你的名聚集，預備我
們在我們當中承認你的臨在。

阿門！

複習醫治盲人的神蹟

在這個活動一開始，告訴學員翻到馬可福音八章22～
26 節，以及在學生本的第四堂課中「耶穌公開傳道
的第三個階段」在伯賽大醫治盲人的這個小段（本書
P61）。為了強調下列重點，盡可能引導學員去閱讀這
段經文和學生本的內容：

● 這段經文是馬可福音前半部及後半部的轉捩
點。
● 馬太福音和路加福音當中並未包含這段醫治
的敘事。
●「醫治伯賽大的盲人」和馬可第七章「治好

耳聾舌結的人」之間，存在著共同點。

● 在這項醫治之前，耶穌醫治的能力從未失敗
過。

● 只有在這個醫治，耶穌必須嘗試第二次才能
完全的成功。

● 仔細觀看八章 22～26 節，注意耶穌觸摸的
重要性：「拉著瞎子的手」，「按手在他身
上」，以及「按手在他眼睛上」。

用下列問題或是你想到的問題，作為這段敘事複習
的結束：

● 馬可福音包含並記載耶穌醫治這位盲人，必
須嘗試第二次才能成功，你認為這段敘事有
何重要性？

● 有時當你想一次完成某事時，但是卻沒有完
全成功，要等到第二次嘗試才成功。請思考
你進行第二次的嘗試，是何等的重要？

● 在你的經驗當中，哪些是某人觸摸（touch）
另一人時而產生「能力」（power）的例子？

探討彌賽亞耶穌的身分

新約學者認為「彼得宣告耶穌是彌賽亞」這段敘事（可八27〜30）是馬可福音的轉捩點。這段敘事將馬可福音分為兩個部分：以耶穌奇妙行動及教導為特色的前半部分，以及聚焦於耶穌走向耶路撒冷及受難旅程的後半部分。

　　課程開始先介紹這段經文，並且要求學員暫時不要去查看經文，先重述這段敘事。在所有或是大多數的敘事已經重述之後，翻到這段經文，再說明以下的重點整理：

- 該撒利亞腓立比地區在哪裡？（假若你有一張大地圖的話，指出這個位置，它在加利利海的北方的加利利地區）。
- 為甚麼耶穌會被人認為是施洗約翰、以利亞或是先知當中的一位？
- 彼得宣告耶穌是彌賽亞的重要性是什麼？
- 猶太人期待甚麼樣的彌賽亞？
- 為甚麼耶穌常常禁止門徒，要他們別告訴

任何人有關他們經歷過的事，或是對他的認識？（請見一 34，44；三 12；五 43；七 36；八 30；九 30）

當你複習這段經文並引導這個班的學員時，思考耶穌基督（或是彌賽亞）今日對我們的意義。藉著接下來的討論，嘗試協助學員，把耶穌是彌賽亞的意義和他／她個人的信仰旅程互相連結起來。用這些類似的問題來引導並討論以下問題：

● 對今天許多人來說，耶穌是個大家都熟悉的名字。你認為今天人們對於耶穌的某些印象是什麼？

● 在耶穌的時代，他的身分和先知當中的一位互相連結；在今日，耶穌和誰或是甚麼互相連結？

● 耶穌問門徒：「你們說我是誰？」請你寫下一、兩個句子，當作回答耶穌的問題（幾分鐘之後，再邀請學員們分享他們的答案）。

解釋主耶穌的變貌

處理耶穌變貌敘事最好的方式，就是花些時間閱讀該段經文，然後參考學生本第四堂「耶穌第一次受難的預言和接下來的事」這一段，找到耶穌變貌這一段提及的內容。每次朗讀一節經文，然後包含下列簡要的評論：

- 耶穌要求彼得、雅各及約翰陪伴他。當睚魯的女兒生重病（五 37）或是在客西馬尼園時（十四 33），他們也同時陪伴耶穌，暗示著這三位門徒和耶穌保持親密的關係。

- 他們自行登上一座高山。這讓我們想起上帝曾在高山上向摩西（出十九 20）、以利亞（王上十九 11）顯現。同樣在馬可福音裡，耶穌設立門徒時也登上高山（可三 13）。

- 有些猶太人相信摩西或是以利亞（王下二 9～12）並未死亡，而是直接被接上天（申卅四 5～6）。無論如何，這兩人仍然在神聖

老師本

的領域活著，並且能與耶穌交談。[1]

● 將此處雲中發出聲音的內容，和耶穌受洗時天上聲音的內容加以比較。

● 上帝在其他場合向摩西（出廿四 15～18）、以賽亞（賽四 5）和以西結（結一 4）顯現時，雲彩是共同的要素。

● 有聲音說：「你們要聽他」，也許是建議門徒必須集中精神聆聽耶穌對他們說的話，而不是對經驗本身的讚嘆。

● 耶穌再次提及耶穌吩咐門徒，不要將所看見的事告訴人。

最後以一個問題結束本段介紹：對你而言，這段變貌的敘事告訴你哪些有關耶穌的身分和使命？

比較耶穌受難的預言

馬可福音這段，耶穌在三個場合提及他將要面對的遭

---

1 Mary Ann Tolbert, notes on the Gospel of Mark, in *the New Interpreter's Study Bible* (Nashville: Abingdon Press, 2003), 8:1825.

遇。在每一個預言「之前」，耶穌與他的門徒或是其他人有一些重大的遭遇。在每一個預言「之後」，耶穌教導門徒有關「門徒的意義」，也對那些想跟隨的人說出對他們的期待。引導班上學員體驗接下來的活動：

● 翻到老師本第四堂附錄 1：比較耶穌三次受難的預言。

● 以三人為一組（若某些組有多出來的人，就會有兩人將讀到相同的經文，但沒有關係）。

● 每個人聚焦於一段經文，並且依照該段經文回答 4 個問題。

● 學員完成閱讀及回答問題之後，讓他們有些時間互相分享。

● 請全班同學聚集一下，且以詢問這個問題作為結束：當你閱讀你的經文且和其他兩人比較你們的發現時，你有何想法？或者直接討論下面這個活動的問題。

思考門徒的身分

引導學員利用本堂課的附錄 1 的第四個問題來整理耶穌對門徒身分的要求。除了在這三段經文的發現之外，請看第十章 13～16 節，耶穌說：「凡要承受上帝國的，若不像小孩子，斷不能進去。」以這段經文和其他有關門徒身分的教導，花些時間討論一些開放式的（Openended）問題：

- 耶穌教導跟隨者，有關「對門徒身分的要求」，你會如何敘述？
- 耶穌對於跟隨他的人的要求，你有哪些問題？
- 在廿一世紀，耶穌對於跟隨他的人的期待，對你而言，在程度上，哪些是實在的（realistic）？哪些是不實在（unrealistic）的？
- 在馬可福音或是其他的福音書，耶穌有哪些其他的教導是描述對於跟隨他的人的期待？
- 若是你嘗試按照耶穌對於跟隨他的人的期待去生活，在他的教導當中，你覺得哪一項最具挑戰性或是最困難？

老師本

結束

這一堂課中，其中一個特殊的概念是耶穌教導作為一個
門徒的意義。指示學員翻到本堂課末的附錄 2，並邀請
班上的同學按照次序，閱讀那些標註為「One」的陳述。

下課提醒

鼓勵學員準備下一課，閱讀學生本第五堂，以及馬可福
音十一章 1 節～十四章 72 節。

老師本

附錄 1：比較耶穌三次受難的預言			
	可八 31～33	可九 30～32	可十 32～34
1. 這段經文之前的 　 敘事有何特徵？			
2. 耶穌説了甚麼會 　 臨到他？			
3. 這段經文之後的 　 敘事有何特徵？			
4. 在預言之後，耶 　 穌教導有關「門 　 徒身分」的什麼 　 內容？			

附錄 2：門徒身分的儀文

One： 耶穌說：「於是叫眾人和門徒來，對他們說，若有人要跟從我，就當捨己，背起他的十字架來跟從我」。（八 34）

全部： 上帝啊，我們想要跟隨耶穌，但是我們不確定揹起十字架的意義。我們祈求你向我們顯明我們要揹負的十字架，並且幫助我們如此行。

One： 耶穌說：「凡要救自己生命的，必喪掉生命；凡為我和福音喪掉生命的，必救了生命。」（八 35）

全部： 神聖的上帝，教導我們，為了耶穌和福音喪掉生命的意義。

One： 耶穌說：「若有人願意作首先的，他必作眾人末後的，作眾人的用人。」（九 35）

全部： 仁慈的上帝，我們的本性想要作首先的，讓我們向耶穌學習，如同他以他的名成為眾人的用人，來謙卑自己。

One： 耶穌說：「凡為我名，接待一個像這小孩子的就是接待我。凡接待我的，不是接待我，乃是接待那差我來的。」（九 37）

老師本

（接上頁）

全部：慈愛的上帝，使我們能熱情款待那些在我們社區當中被忽略的人或是邊緣人，他們需要被接納，成為你大家庭中的一份子。

One： 耶穌說：「讓小孩子到我這裡來，不要禁止他們。因為在上帝國的，正是這樣的人。我實在告訴你們，凡要承受上帝國的，若不像小孩子，斷不能進去。」（十 14b～15）

全部：上帝啊，提醒我像小孩子的意義，並且因為成為你國度的子民，而對伴隨而來的喜樂、挑戰及驚奇，開放我的心。

One： 耶穌說：「你去罷，你的信救了你了。」（十 52）

全部：上帝啊，我們感謝你呼召我們跟隨耶穌，並且差遣我們，見證在他裡面的真理與慈愛。阿門！

耶穌公開傳道的結束

＞研讀馬可福音十一 1～十四 72

上課之前

課程焦點

在這一堂課，我們將聚焦於馬可福音十一～十四章，亦即從「耶穌進入耶路撒冷，進入他生平的最後一週，而以彼得三次否認耶穌」作為結束。我們將會引導學員將一些舊約聖經的經文與馬可福音記載的事件加以連結，探討一些困難的經文，並且在耶穌最後日子的重要事件當中，辨認有關的人物。

課程預備

- 閱讀馬可福音十一～十四章，並且閱讀學生本第五堂課。
- 你會發現運用一本註解書或是研讀本聖經會有幫助，尤其是解釋馬可福音第十三章「小啟示錄」（Little Apocalypse）。
- 從聖經辭典或是研讀本聖經收集下列項目的資料：法利賽人、希律黨人、文士和長老。
- 提供聖經給那些未攜帶的學員。
- 準備或複習你想要詢問學員的問題。
- 為你的上課內容做些綱要的筆記。

課程安排

假如本課內容太多的話，請省略一個或幾個活動。也許你決定省略的活動是解釋「咒詛或比喻」、解釋「小啟示錄」。為了節省一些時間，當你進行「探討重要問題」的活動時，可以考慮以團體的方式，一次探討一個問題，而不是以分組的方式。

課程內容

歡迎參與者

在第一位學員到達之前，提早來到教室，將茶點和其他任何事都準備妥當。請學員簽到並請他們寫上自己的姓名牌。叫出每一位學員的姓名，用溫暖的態度歡迎他們。詢問是否有人需要借閱聖經？假若有人需要，鼓勵他們在下一次上課時攜帶自己的聖經。若是仍有學員還沒有課本，請給他一本。

開頭的祈禱

歡迎、介紹首次出席的新成員。之後，邀請學員和你一起祈禱。本堂課是以儀文的方式來進行開頭的祈禱。介紹這個祈禱，並說明在第十一～十四章，耶穌的一些言論將會激發我們的祈禱（耶穌的話語列在下面）。

　　在每段耶穌的話語之後，團體的學員一致地回應：「上帝啊！幫助我們明白耶穌的話語。」重複回應幾次，邀請學員和你一起重複這個回應，或是將這個回應寫在海報上面，讓所有人都能看見。

耶穌引用先知以賽亞書：「我的殿必稱為萬國禱告的殿。」（十一 17）

耶穌說：「你們站著禱告的時候，若想起有人得罪你們，就當饒恕他，好叫你們在天上的父，也饒恕你們的過犯。」（十一 25）

耶穌說：「該撒的物當歸給該撒，上帝的物當歸給上帝。」（十二 17）

耶穌說：「你要盡心、盡性、盡意、盡力愛主你的上帝。」（十二 30）

耶穌說：「要愛人如己。」（十二 31）

耶穌說：「我實在告訴你們，這窮寡婦投入庫裡的，比眾人所投的更多……這寡婦是……把他一切養生的都投上了。」（十二 43～44）

耶穌說：「天地要廢去，我的話卻不能廢去。」（十三 31）

他們喫的時候，耶穌拿起餅來，祝了福，就
擘開遞給他們說：「你們拿著喫，這是我的身
體」和「這是我立約的血，為多人流出來的。」
（十四 22，24）

與舊約聖經互相連結

耶穌進入耶路撒冷、咒詛無花果樹、潔淨聖殿的敘事當
中，他有些行動和目的與當時希伯來聖經的經文——就
是我們熟知的舊約聖經——有直接或是間接的關聯。帶
領以下這個活動（將有三個步驟）：

1. 分享馬可福音的作者熟悉律法、先知和詩篇的書
寫內容，來介紹這個活動。再者，作者把上帝為了拯救
他立約的子民，而在他們長久歷史當中，行出的奇妙作
為予以調和；以希伯來聖經（我們的舊約聖經）當作馬
可福音的背景，而且不會讓人驚訝的是，作者也將這些
經文，尤其是先知書的經文，與耶穌在世最後幾天的教
導和行動互相連結。

2. 運用本堂課末附錄 1：與舊約連結的相關經文，

引導班上學員去閱讀馬可福音和舊約聖經的經文。將班上分為兩組，一組閱讀馬可福音的經文，另一組閱讀舊約聖經的經文。若是安排兩組，請學員站著並且面對面閱讀經文，也許更加添戲劇效果。

3. 閱讀經文之後，運用你自己想出的問題或是下列的問題，鼓勵班上學員去熱烈討論：

- 將馬可福音和舊約經文相互連結之後，你有哪些想法、問題或是印象？
- 你會如何描述這些敘事當中耶穌的言語和行動？
- 將你自己想成是大祭司或文士，你對於耶穌有哪些想法或是印象？
- 在耶穌「當時面對的宗教權威」和「對這個權威造成的威脅」之間，你覺得在現今我們的宗教權威和改革之間，可能會有那些對照與連結？

解釋咒詛和比喻

在這個活動當中，要解釋的兩段經文分別是咒詛無花果樹（十一 12 至十四 20～26）和兇惡園戶的比喻（十二 1～12）。也許處理這兩段經文最好的方法，就是簡要的解釋。複習學生本第五堂課（可十一 17b～十二 44），以及研讀本聖經和（或）某本馬可福音註解書的註釋。下列是你該做的事和關鍵要點：

- 邀請兩位學員大聲朗讀經文，第一位讀十一 12～14 和十一 20～26，第二位讀十一 15～19。這是顯示馬可運用「文學上的括弧」（bracketing device）的最佳方式。

- 馬可聚焦於無花果樹是運用文學的手法——將耶穌把聖殿當中兌換銀兩的人趕出聖殿的敘事加以括弧起來，是為了顯明聖殿不再實現它存在的目的——如同不結果的無花果樹沒有實現它的目的一樣。

- 當耶穌咒詛無花果樹時，他是否濫用其權柄？或者比較像是「象徵的行動」以顯示他批判聖殿變成賊窩的方式？

老師本

● 聖殿的目的是成為禱告的地方，耶穌簡要的
教導祈禱的重要：如何祈禱？為甚麼祈禱？
期待從祈禱得到甚麼？

● 請兩位學員朗讀下列經文：第一位讀十一
27～33 和十二 13～17；第二位讀十二 1～
12。

● 兇惡園戶的比喻（十二 1～12）是耶穌被人
質問的記載──首先是被大祭司、文士和長
老，後來是被法利賽人和希律黨人質問──
這是文學上的括弧。他們挑戰耶穌權柄的源
頭，以及他解釋律法的方式。

● 描述誰是祭司、文士、長老、法利賽人和希
律黨人？

● 提醒大家，比喻當中的角色是上帝選民生活
的代表：葡萄園的園丁或主人＝上帝，葡萄
園／園戶＝以色列，僕人＝先知，以及愛
子＝耶穌。

● 在這個比喻中，耶穌描述將發生在他身上的
苦難和死亡。

　　討論下列一個或兩個問題，作為這個活動的結束，例如：在馬可福音的前面部分，我們已經學到有關耶穌的事，讓我們互相對照一下，你對這些經文當中反映的耶穌有甚麼觀察或是心得或洞見？你的心中對耶穌的意圖和行動，是否哪些有問題？

探討重要的問題

馬可福音十一及十二章裡面，有四個問題與耶穌的權威和（或）他對宗教傳統的解釋有關。我們可以在本堂課末的「附錄 2：探討重要的問題」找到所需用的表格。將你的班上分為四個小組，將不同的問題分配給每個小組去討論。每個人閱讀分配到的經文，然後在他們的小組裡面，針對他們閱讀的經文回答三個問題。大約十分鐘之後，請各小組回來並且邀請每組的一位代表分享他（她）的小組對三個問題的回答。接著運用下列的建議或是你想出來的問題，引導整個班進行簡短的討論：

- 你會如何描述這些「質疑耶穌者」的動機？
- 你認為耶穌回應問題的方式如何？
- 你認為耶穌的哪個回覆會對提出問題者造成

最大的困擾？

● 你認為耶穌的回覆──在程度上，有多少比
重導致了他的受苦和死亡？

解釋「小啟示錄」

馬可福音十三章被人廣泛稱為「小啟示錄」。這是一段
困難的經文，透過耶穌的話語，解釋馬可福音的作者希
望讀者了解的意義時，你需要一些協助。找到學生本第
五堂「共觀福音的末日」這一段，研讀本聖經的註釋和
某本馬可福音的註解書，將對你有很大的幫助。你需要
決定是否有足夠的時間來解釋這段經文，以及你是否已
經充分預備妥當去協助學員認識它。

重述耶穌最後日子的事件

馬可福音十四章共有七段經文。將每段經文分配給一個
學員。（若是你的班上少於七人，你只需指定挑選的經
節。若是你的班上多於七人，請將同樣的經文分配給二
位或幾位學員）。

十四 3～9　　　　在伯大尼受膏

老師本

請每位學員朗讀他（她）被分配到的經文，並且想像他（她）們自己是其中的一位關鍵人物。提醒參與者在幾分鐘之後，他們會被邀請用他們選擇的角色的話語，重述這個事件（當兩位或幾位學員閱讀同樣的經文，請他們只重述這事件的一部分就好）。重述之後，請團體反思下列一個或幾個問題：

● 成為故事人物的一部分，你的感受如何？

● 從你認同那個人的觀點後，你對耶穌有哪些印象？

● 這些對耶穌的觀點，與今日的信仰和生活有何關聯？

結束

　　請每位參與者圍成一個圓圈，同聲朗讀主禱文（太六 9～13）作為結束。

課後提醒

　　為準備下一堂課，鼓勵學員閱讀學生本第六堂課，以及馬可福音十五章 1 節～十六章 8 節。

老師本

附錄 1：與舊約連結的相關經文	
馬可福音	耶穌和門徒將近耶路撒冷，到了伯法其和伯大尼，在橄欖山那裡。耶穌就打發兩個門徒，對他們說，你們往對面村子裡去，一進去的時候，必看見一匹驢駒拴在那裡，是從來沒有人騎過的，可以解開牽來。（十一 1～2）
撒迦利亞書	錫安的民哪，應當大大喜樂。耶路撒冷的民哪，應當歡呼。看哪，你的王來到你這裡。他是公義的，並且施行拯救，謙謙和和的騎着驢，就是騎着驢的駒子。（亞九 9）
馬可福音	有許多人把衣服鋪在路上，也有人把田間的樹枝砍下來，鋪在路上。（十一 8）
列王紀下	他們說，「這是假話，你據實的告訴我們。」回答說，他如此如此對我說。他說，耶和華如此說，我膏你作以色列王。他們就急忙，各將自己的衣服鋪在上層台階，使耶戶坐在其上。他們吹角，說，耶戶作王了。（王下九 12b～13）
馬可福音	前行後隨的人，都喊著說，和散那。奉主名來的，是應當稱頌的。那將要來的我祖大衛之國，是應當稱頌的。高高在上，和散那。（十一 9～10）

	（接上頁）
詩篇	奉耶和華名來的，是應當稱頌的。我們從耶和華的殿中，為你們祝福。耶和華是上帝。他光照了我們。理當用繩索把祭牲拴住，牽到壇角那裡。（詩一一八 26～27）
馬可福音	第二天，他們從伯大尼出來。耶穌餓了，遠遠的看見一棵無花果樹，樹上有葉子，就往那裡去，或者在樹上可以找着甚麼。到了樹下，竟找不着甚麼，不過有葉子，因為不是收無花果的時候。耶穌就對樹説，從今以後，永沒有人喫你的果子。他的門徒也聽見了。（十一 12～14）
先知書	主説，我遇見以色列如葡萄在曠野，我看見你們的列祖，如無花果樹上春季初熟的果子。（何九 10） 耶和華向這城呼叫，……哀哉，我好像夏天的果子已被收盡，又像摘了葡萄所剩下的。沒有一挂可喫的。我心羨慕初熟的無花果。地上虔誠人滅盡，世間沒有正直人。（彌六 9a，七 1～2b）

老師本

（接上頁）	
馬可福音	他們來到耶路撒冷，耶穌進入聖殿，趕出殿裡作買賣的人，推倒兌換銀錢之人的桌子，和賣鴿子之人的凳子。也不許人拿著器具從殿裡經過。便教訓他們說，經上不是記着說，「我的殿必稱為萬國禱告的殿」麼，你們倒使他成為賊窩了。（十一 15～17）
先知書	就是凡守安息日不干犯，又持守他約的人。我必領他們到我的聖山，使他們在禱告我的殿中喜樂。他們的燔祭，和平安祭，在我壇上必蒙悅納。因我的殿必稱為萬民禱告的殿。（賽五十六 6b～7） 這稱為我名下的殿，在你們眼中，豈可看為賊窩麼。我都看見了。這是耶和華說的。（耶七 11）
馬可福音	祭司長和文士聽見這話就想法子要除滅耶穌。卻又怕他，因為眾人都希奇他的教訓。每天晚上，耶穌出城去。（十一 18～19）

附錄 2：探討重要的問題			
	誰質疑耶穌？	甚麼是問題或爭議？	耶穌如何回應？
1. 馬可福音十一 27～33（對耶穌權威的問題）			
2. 馬可福音十二 13～17（有關納稅的問題）			
3. 馬可福音十二 18～27（有關復活的問題）			
4. 馬可福音十二 18～27（有關誡命的問題）			

福音的結束？

＞研讀馬可福音十五 1～十六 8

上課之前

課程焦點

我們在這一堂課對馬可福音的研習即將要結束了。在開始和結束的祈禱之間，本堂課的焦點在三個主要的題目：馬可福音第十五章耶穌被釘在十字架上，馬可福音第十六章的空墓，以及整體學習下來的體會。

課程預備

● 閱讀馬可福音第十五～十六章，並且閱讀學生本第六堂課。

● 確定你已經複習本堂課「開頭的祈禱」活動指引，這個活動聚焦於詩篇裡面有關信靠（trust）的表達，使得你有信心來帶領這個活動。

● 假若要藉著分享經文和每段經文相關的簡短註解，你可以選擇將馬可福音第十五章裡面的十位關鍵人物做整理，因此你需要先準備講義的內容。

● 假若你選擇要讓參與的學員積極地探討這十位關鍵人物，你需要影印聖經辭典的簡要文章，或是從聖經詮釋書或研讀本聖經的註解好準備每位人物的相關資料。

● 為了進行「十字架的反省（Reflecting on the Crucifixion）」活動，你需要收集視覺資料（visuals，即影片或圖像照片），描繪馬可福音第十五章裡面的事件和人物。這些視覺資料的來源，有幾種取得的可能性。最容易取

老師本

得的資料是多年以來教會學校累積的教學印刷品。譬如，網路上免費的繪畫、雕像及彩繪玻璃的圖像。最後，許多書本會有跟耶穌生平相關的印刷品、影片或圖片——假如你運用這類的資源，雖然不能公開利用這些視覺資料，但是仍然會非常好用。

● 準備或複習你在帶領討論時所要詢問的問題。

● 在進行到後面「比較四段空墓的敘事」這一段時，準備一張海報紙，繪製如同本堂課末附錄的表格，這將會幫助你記錄四個小組的回應，而且讓大家看得見。再者，那些想要在他們的書本記錄答案的同學，會比較容易跟上。

● 當我們評估學員對此課程的經驗時，仔細思考這個過程及你想要用來指導全班的問題。

● 結束課程時，將共同回應的祈禱文，寫在一張海報紙上。

課程內容

開頭的祈禱

整本馬可福音將耶穌描繪成「完全信靠上帝」並且「邀
請跟隨他的人信靠上帝」的形象。這個開始的祈禱以信
賴上帝的精神來邀請學員，利用幾分鐘的時間，用詩篇
裡面的信靠來表達。這個活動將運用 8～10 分鐘的時
間，請遵守以下原則：

● 邀請學員隨意翻開詩篇的任何一頁。
● 邀請他們從翻開詩篇的地方，迅速地往前或
　往後瀏覽一些詩篇。請他們尋找一些表達詩
　人對上帝信任（trust）、信心（confidence）、
　信仰（faith）或盼望（hope）的經節。
● 向學員解釋，這個過程只有 4～5 分鐘。但
　是你確信他們將會發現適當的經節。
● 邀請班上的學員，閱讀他們選擇的經文來當
　作他們自己的祈禱詞。在每一節的經文之
　後，全班將共同回應：

上帝忠實的愛永遠常存。

● 在分享「信靠上帝」的經節並共同回應之後，做出類似的評論：「我們今天的學習當中，將會遇見許多令人不愉快的意象，如被人放棄、暴力及死亡。但是我們需要記得，耶穌在他所有傳道生涯中信靠上帝，以及他在一些場合應許的盼望，就是人子將在第三天從死人當中復活。耶穌呼召我們將擁有他所擁有的，就是對上帝有相同的信任、信心、信仰及盼望。」

認出十位關鍵人物

在馬可福音第十五章有一些關鍵人物和耶穌人生最後一天戲劇化的事件互相關聯著。聚焦於這些人物以及他們的角色。這些關鍵人物包含：

祭司長（十五 1～5）

長老及文士（十五 1～6）

彼拉多（十五 1～5）

巴拉巴（十五 6～15）

全營的兵（十五 16～20）

古利奈人西門（十五 21～24）

抹大拉的馬利亞（十五 40～41，47）

小雅各和約西亞的母親馬利亞（十五 40～41，47）

撒羅米（十五 40～41）

亞利馬太的約瑟（十五 42～47）

　　我們可以用兩種方式來觀看這十位不同的關鍵人物。第一種方式是對每一位提出簡要的描述，然後觀看那些提及他們的關鍵經文。第二種方式，是從單冊的聖經辭典裡，影印有關這些人物的短篇文章，並且（或是）註解書裡有關這些人物的註解，再加上提及他們的經文。以兩位或三位學員組成的小組，聚焦於其中一位關鍵人物，準備一份簡要的報告來描述他們的身分，以及他們在耶穌受審判、受苦及釘十字架時扮演何種角色？下面第二種方式會比第一種方式花費更多時間。

　　對於每一位關鍵人物，詢問下列兩個問題：

- 在敘事當中，這位人物扮演甚麼角色？
- 若是這人或眾人真有回應，他們如何回應耶
  穌？

當你在做結論的時候，提醒大家第十五章中「作者未曾以團體或是個人的方式提及主的十二位門徒」，詢問學員認為是何種原因？

十字架的反省

下面的課程活動提供馬可福音第十五章的大綱，以及耶穌釘在十字架上的記載。另一種反省這些事件的方式是運用影片或圖片。這個活動的目的是收集第十五章當中，有關耶穌釘在十字架的十幾個、甚至更多的視覺意象。請見「課程預備」裡的一些建議，這樣可讓你在看見班上學員反省十字架時，你自己也能取得多元的視覺意象資料。

你有一些不同的方法來帶領這個班級。下列這些因素將會決定你所選擇的方法：你擁有視覺資料的數目、擁有的時間、班級當中參與的人數，以及你帶領這項活

動時自在的程度。

方法一：邀請每位參與者選擇不同的視覺資料或圖片，好成為他（她）們自己關注的焦點內容（確認提供的圖片資料要多於參與的人數，好讓最後一位還有選擇的機會）。每個人選擇一個視覺資料之後，帶領他們進行引導的默想。詢問幾個提示的問題或圖片之後，接著可以有段短暫的安靜時間，帶領每位學員觀看他們各自拿到的視覺資料。幾分鐘之後，打破沉默並詢問學員——請他們分享選擇該圖片的原因，以及經由默想圖片帶給他們的啟發是什麼？

方法二：將上一個課程活動「認出十位關鍵人物」的人物姓名，寫在事先準備的卡片上。在公布欄或黑板的頂端貼上去，接著選出那些可以放在他們姓名下面、現有的圖片。再來發給學員 3 乘 5 吋（約莫相片大小）的白紙，寫上標題字（captions），放在卡紙的旁邊或下面。學員們站在黑板前，互相分享彼此的觀察。

方法三：若是你在上一個課程活動選擇了第二種方

式：提供十位關鍵人物的資訊——在這個方法當中，你可將十位關鍵人物的圖片（或是你想用視覺資料代表的關鍵人物）分配給個人或是小組。邀請他們以馬可福音第十五章事件的先後次序排列，然後請每位學員分享該段經文及相關圖片的解釋。

比較四段空墓的敘事

在學生本第六堂最後一段「結語：空墓（十六 1～8）」中，我們提及馬可福音最早的抄本第十六章是在第 8 節結束，至於第 9～20 節是後來才加上去的。引導班上的學員將馬可福音空墓的記載和其他三卷福音書對空墓的記載相互比較（只比較和空墓相關的敘事，而不是後來加上復活出現的敘事）。引導這項課程活動時，請遵守下列原則：

- 使用本堂課末「附錄：比較四段空墓的敘事」的表格。
- 將班上分成人數相同的四個小組，將四本福音書的不同的經文，交給每一個小組。
- 告知每個小組的成員，閱讀指定給他們的經

文，然後以他們福音書的記載為基礎來回答
表格內的問題。

● 所有小組都回答之後，請大家回到座位。照
著附錄表格每次提出一個問題，然後提供每
卷福音書的答案（你也許需要準備一張大海
報或是白板，來記錄每卷福音書的答案）。

每個小組的學員答完所有的題目之後，花幾分鐘時
間共同討論下面一個或是幾個問題，或是你已經準備好
的問題。

● 當你比較馬可福音與其他三卷福音書的答案
後，你注意到馬可福音與其他三卷福音書之
間的重大差異了嗎？

● 所有四卷福音書當中，你看見哪些共同的見
證？

● 前往主耶穌空墓的人有不同的反應，你認為
原因為何？

● 我們今日對「耶穌基督復活」有不同反應，
你有何看法？

● 你比較喜歡哪一個空墓的敘事？為甚麼？

課程評價

告訴班上學員，好讓他們可以評估這個課程：「我們已經用幾個禮拜的時間共同研讀馬可福音。我們閱讀了學員手冊和馬可福音的許多經文，共同參與了很多樣的活動設計，討論了許多問題。我們不可能完全記得說過的話或做過的事，但是我確信透過學習，你會記得一些東西。」接著，若是你有充足的時間，就引導這個班級多多討論下面的問題：

● 我們共同參與的活動當中，哪些活動最有趣、最具挑戰、或是對你最有幫助？

● 未來我們若是還會提供這種類似的課程，你有何建議？

● 從馬可福音的角度來說，這本福音書提供了有關耶穌的生平和傳道紀錄，你的心中有哪些問題？

● 這堂課的名稱是「福音的結束？」是以「問號」為結束。你認為作者使用這個名稱有何

目的？

● 你參與這個課程之後，獲得了哪些新的想法
與洞見？

● 這個課程對你個人的信仰旅程有何貢獻？

● 你盼望這個課程會帶領你、我們的班級、以
及（或是）我們的教會到哪裡或哪個方向？

結束

我們將從上述的討論，轉換到這個班即將結束的小
活動，請學員自行完成這個句子：

「上帝在耶穌基督的身上動工……」

經過一、兩分鐘之後，邀請學員分享他們完成的句
子。引導整個團體齊聲說出：

救贖主上帝，感謝你在耶穌裡對我們的啟示。

（請將這句回應寫在海報或是白板上，讓所有的人
都能看見）來回應每個人的句子。

　　大家一起吟唱或是齊聲朗讀這首熟悉的復活節詩歌
《耶穌基督今日復活》（Jesus Christ is Risen Today）來結
束這一堂課以及所有的課程。

老師本

附錄：比較四段空墓的敘事				
	馬太福音 二八 1～10	馬可福音 十六 16:1～8	路加福音 二四 1～12	約翰福音 二十 1～10
1. 誰到了墳墓？				
2. 他們何時前往墳墓？				
3. 他們發現了甚麼？他們遇見誰？				
4. 他們聽見甚麼？				
5. 在情感上，他們如何回應？				
6. 接下來，他們做甚麼？				

主流出版
所謂主流，是出版的主流，更是主愛湧流。

主流出版旨在從事鬆土工作—
希冀福音的種子撒在好土上，讓主流出版的叢書成為福音
與讀者之間的橋樑；
希冀每一本精心編輯的書籍能豐富更多人的身心靈，因而
吸引更多人認識上帝的愛。

【徵稿啟事】請注意
本社只受理E-Mail投稿，恕不接受紙本郵寄或親臨投稿，謝謝。

主流歡迎你投稿，勵志、身心靈保健、基督教入門、婚姻家庭、靈性生
活、基督教文藝、基督教倫理與當代議題等題材，尤其歡迎！
來稿請e-mail至lord.way@msa.hinel.net
審稿期約一個月左右，不合則退。錄用者我們將另行通知。

【團購服務】
學校、機關、團體大量採購，享有專屬優惠。
購書五百元以上免郵資。
劃撥帳戶：主流出版有限公司　　劃撥帳號：50027271

★歡迎您加入我們，請搜尋臉書粉絲團「主流出版」
★主流出版社線上購書，請掃描 QR Code

主流十周年 2007-2017

心靈勵志系列

信心，是一把梯子（平裝）／施以諾／定價 210 元
WIN TEN 穩得勝的 10 種態度／黃友玲著、林東生攝影／定價 230 元
「信心，是一把梯子」有聲書：輯 1 ／施以諾著、裴健智朗讀／定價 199 元
內在三圍（軟精裝）／施以諾／定價 220 元
屬靈雞湯：68 篇豐富靈性的精彩好文／王樵一／定價 220 元
信仰，是最好的金湯匙／施以諾／定價 220 元
詩歌，是一種抗憂鬱劑／施以諾／定價 210 元
一切從信心開始／黎詩彥／定價 240 元
打開天堂學校的密碼／張輝道／定價 230 元
品格，是一把鑰匙／施以諾／定價 250 元
喜樂，是一帖良藥／施以諾／定價 250 元
施以諾的樂活處方／施以諾／定價 280 元

TOUCH 系列

靈感無限／黃友玲／定價 160 元
寫作驚豔／施以諾／定價 160 元
望梅小史／陳詠／定價 220 元
映像蘭嶼：謝震隆攝影作品集／謝震隆／定價 360 元
打開奇蹟的一扇窗（中英對照繪本）／楊偉珊／定價 350 元
在團契裡／謝宇棻／定價 300 元
將夕陽載在杯中給我／陳詠／定價 220 元
螢火蟲的反抗／余杰／定價 390 元
你為什麼不睡覺：「挪亞方舟」繪本／盧崇真（圖）、鄭欣挺（文）／定價 300 元
刀尖上的中國／余杰／定價 420 元
我也走你的路：台灣民主地圖第二卷／余杰／定價 420 元
起初，是黑夜／梁家瑜／定價 220 元

太陽長腳了嗎？給寶貝的第一本童詩繪本／黃友玲（文）、黃崑育（圖）／定價 320 元
拆下肋骨當火炬：台灣民主地圖第三卷／余杰／定價 450 元
時間小史／陳詠／定價 220 元
正義的追尋：台灣民主地圖第四卷／余杰／定價 420 元
宋朝最美的戀歌—晏小山和他的詞／余杰／定價 280 元

LOGOS 系列

耶穌門徒生平的省思／施達雄／定價 180 元
大信若盲／殷穎／定價 230 元
活出天國八福／施達雄／定價 160 元
邁向成熟／施達雄／定價 220 元
活出信仰／施達雄／定價 200 元
耶穌就是福音／盧雲／定價 280 元
基督教文明論／王志勇／定價 420 元
黑暗之後是光明／王志勇、余杰主編／定價 350 元

主流人物系列

以愛領導的實踐家（絕版）／王樵一／定價 200 元
李提摩太的雄心報紙膽／施以諾／定價 150 元
以愛領導的德蕾莎修女／王樵一／定價 250 元
以愛制暴的人權鬥士：馬丁路德金恩博士／王樵一／定價 250 元
廉能政治的實踐家：陳定南傳／黃增添／定價 320 元

生命記錄系列

新造的人：從流淚谷到喜樂泉／藍復春口述，何曉東整理／定價 200 元
鹿溪的部落格：如鹿切慕溪水／鹿溪／定價 190 元
人是被光照的微塵：基督與生命系列訪談錄／余杰、阿信／定價 300 元
幸福到老／鹿溪／定價 250 元
從今時直到永遠／余杰、阿信／定價 300 元

經典系列

天路歷程（平裝）／約翰・班揚／定價 180 元

生活叢書

陪孩子一起成長（絕版）／翁麗玉／定價 200 元

好好愛她：已婚男士的性親密指南／Penner 博士夫婦／定價 260 元

教子有方／Sam and Geri Laing／定價 300 元

情人知己：合神心意的愛情與婚姻／Sam and Geri Laing／定價 260 元

學院叢書

愛、希望、生命／鄒國英策劃／定價 250 元

論太陽花的向陽性／莊信德、謝木水等／定價 300 元

淡水文化地景重構與博物館的誕生／殷寶寧／定價 320 元

紅星與十字架：中國共產黨的基督徒友人／曾慶豹／定價 260 元

事奉有夠神：團隊服事的 23 堂課／Michael J. Anthony、James Estep, Jr. 等著／定價 700 元

中國研究叢書

統一就是奴役／劉曉波／定價 350 元

從六四到零八：劉曉波的人權路／劉曉波／定價 400 元

混世魔王毛澤東／劉曉波／定價 350 元

鐵窗後的自由／劉曉波／定價 350 元

卑賤的中國人／余杰／定價 400 元

納粹中國／余杰／定價 450 元

今生不做中國人／余杰／定價 480 元

香港獨立／余杰／定價 420 元

喪屍治國／余杰／定價 490 元

川普向右，習近平向左／余杰／定價 450 元

公民社會系列

蒂瑪小姐咖啡館／蒂瑪小姐咖啡館小編著／定價 250 元

青年入陣：十二位政治工作者群像錄／楊盛安等著／定價 280 元

主流網站 http://www.lordway.com.tw

LOGOS 系列 9

第一次查馬可福音就上手
Mark's Gospel from Scratch:
The New Testament for Beginners

作　　者：葛利斯 Donald L.Griggs、梅爾 Charles D. Myers Jr.
譯　　者：胡宏志
出版顧問：鄭超睿
發 行 人：鄭惠文
主　　編：李瑞娟
封面設計：郭秀佩
排　　版：旭豐數位排版有限公司

出版發行：主流出版有限公司 Lordway Publishing Co. Ltd.
出 版 部：臺北市南京東路五段 123 巷 4 弄 24 號 2 樓
電　　話：(02) 2857-9303
傳　　眞：(02) 2857-9303
電子信箱：lord.way@msa.hinet.net
劃撥帳號：50027271
網　　址：www.lordway.com.tw

經　　銷：
紅螞蟻圖書有限公司
臺北市內湖區舊宗路二段 121 巷 19 號
電話：(02) 2795-3656　　傳眞：(02) 2795-4100

華宣出版有限公司
新北市中和區連城路 236 號 3 樓
電話：(02) 8228-1318　　傳眞：(02) 2221-9445

初版 1 刷：2020 年 12 月
1st Edition：Dec, 2020
書號：L2005　　　　　　　　　　著作權所有　翻印必究
ISBN：978-986-98609-5-6（平裝）
Printed in Taiwan

國家圖書館出版品預行編目資料

第一次查馬可福音就上手 / 葛利斯 (Donald L.
  Griggs), 梅爾 (Charles D. Myers Jr.) 作 ; 胡宏志譯 .
  -- 初版 . -- 臺北市 : 主流出版有限公司 , 2020.12
  面 ; 公分 . --（Logos 系列 ; 9）
  譯自 : Mark's Gospel from scratch : the New
  Testament for beginners
  ISBN 978-986-98609-5-6（平裝）

  1. 馬可福音   2. 聖經研究

241.63   109018779